U0548850

# 中国发展与
## 全球格局

袁 东/著

**A View into China's**
Development Status and Global
Economic Patterns

中国财经出版传媒集团
经济科学出版社
Economic Science Press

## 图书在版编目（CIP）数据

中国发展与全球格局/袁东著. —北京：经济科学出版社，2017.5
ISBN 978-7-5141-8121-0

Ⅰ.①中… Ⅱ.①袁… Ⅲ.①中国经济-经济发展-研究 Ⅳ.①F124

中国版本图书馆CIP数据核字（2017）第133819号

责任编辑：于海汛
责任校对：杨 海
责任印制：潘泽新

### 中国发展与全球格局
袁 东 著
经济科学出版社出版、发行 新华书店经销
社址：北京市海淀区阜成路甲28号 邮编：100142
总编部电话：010-88191217 发行部电话：010-88191522
网址：www.esp.com.cn
电子邮件：esp@esp.com.cn
天猫网店：经济科学出版社旗舰店
网址：http://jjkxcbs.tmall.com
北京季蜂印刷有限公司印装
710×1000 16开 17.5印张 140000字
2017年5月第1版 2017年5月第1次印刷
ISBN 978-7-5141-8121-0 定价：56.00元
（图书出现印装问题，本社负责调换。电话：010-88191510）
（版权所有 侵权必究 举报电话：010-88191586
电子邮箱：dbts@esp.com.cn）

献给我亲爱的母亲

# 序言

中国的发展，首先立足自身。久远的历史，积淀而成的现实，促就了面向未来发展的信心与基础。深厚的历史意识，决定了强烈的前瞻意识，以及更加宽泛的全球视野。这是中国取得已有发展成就的认识和思想前提。中国发展进程的推进，更加明确、丰富和坚定了这样的认识与思想。

发展是务实和具体的。经济增长的一定速度，经济结构的不断改善，是发展的根基。中国经济已然进入了再一次重大结构转型的时期。在速度与质量的拿捏权衡中，对增长质量的优先考虑，左右着这一时期的政策选择和发展路径。

一个追求增长质量的中国经济，对全球的溢出效应更加广泛也更加积极。对中国经济的任何忽视，更不用说误读，都将无法真正认识和理解全球形势。已经突破了边界约束点的中国经济，螺旋波动式的上升通道，不会轻易受到什么力量的实质性阻挡。中国的增长和发展是世界性福音。

但这并不意味着中国各界对关键性问题和难点的忽略。政府职能的适应性转变，地方政府与中央政府间事权财权的相应调整，国有企业的与时俱进性改革，制造业的基础性支撑性巩固，都是中国决策者和相关各界已经明确并正在推进的。地方政府债务的整理规范，中央所属国有企业的优化重组，已有产能的重新配置，新技术引领的制造业提升，就是其中的主要方面。

中国发展向来是在与全球的互动中前行的。"一带一路"倡议及其有效推进，将这一互动带入了一个国际化和全球化的新时代。国际化全球化再也不是早先工业化核心国家的专利了。中国元素，中国倡议，中国方案，中国行动，推动世界走向多元和谐共生的命运共同体建设进程。

这一建设进程需要全球一起努力。努力的付出并不轻松，更多是一个艰辛的过程。经济力量格局的变动，一定决定着认识和上层建筑的改变，但这一改变并非一蹴而就。如果一定要分成两方，那就是进取者和守成者的对垒与博弈。

对垒与博弈重塑着地缘政治格局。处于货币文化时代的当代世界，全球政治格局变化再也离不开国际货币体系的影响。当然，货币体系首先取决于经济力量。但是，源于经济的国际货币体系，直接构成全球治理的核心内容。

若要正确认识和理解全球治理结构的演变、现状和其中的问题，寻求推动相关改革，就离不开对国际货币体系形成变迁的分析研究。美元本位，是这一体系的当代核心特征。但是，自20世纪70年代起就已经完全纸质化的美元，使这一货币体系的"锚链"异常脆弱，甚至无从谈起。伴随美元地位的相对下滑，由其支撑的国际货币体系无疑是金融经济乃至政治混乱失序的一个重要原因。顺势而变，寻求国际货币体系改革，便是推动国际治理向着公正合理方向迈进的题中应有之意。

国际货币体系的演进，在影响地缘格局的同时，成为全球秩序变化的一个风向标。在这一演进和变化进程中，中国有着自己的选择。合作共赢，开放包容，多边主义，共商共建共享，对话协商，针对纠纷冲突的政治解决途径，命运共同体意识和目标，一直是中国选择的内涵。中国选择，首先赢得了广大新兴市场和发展中国家的广泛认可与支持。这成为全球日益强劲的旋律。

无可否认的事实是，中国的发展和崛起，走了一条不同于近现代西方工业化国家的道路。道路差异的根本一点，是中国崛起的和平特征。完全不同于那种依靠武力侵略和殖民进行原始积累与扩张的路子。这是一些西方政客和精英在绝对化自身价值理念道路制度时所极力避讳的。这种避讳，不是无知，就是极端自负和傲慢下的有意为之。

面对当今世界现实，以及明显可预期的趋势，集全人类文明智慧经验于一体的理念、认识和思想，才是明智之举。广大新兴市场和发展中国家正在寻求并推进的国际化与全球化，再也不是西方化，更不是西方核心国家化。这一群体是进取者。中国发展成就的巨大启发和引导效应，使得这一群体在进取和赶超进程中，相对而言，并没有多大历史和思想包袱，轻装上阵，每一个进步及其发展阶段的提升，都会形成累进性的支撑基础、热忱鼓舞和信心增强。

相反，倒是一些西方核心国家，尤其是那些已经掌握和试图要掌控公权力，以及作为知识创造者和传播者的精英，守成者的心态昭然。背负的历史和思想包袱压弯了他们的腰，模糊甚至遮蔽了他们的双眼，极度自负傲慢之中的偏见几乎不可救药。现实与认识的巨大落差，使其在刻舟求剑式的狂躁中不无痛苦。

要想解除痛苦，西方精英就得正视现实，不再抱着一元化、单极化、绝对化以及零和游戏式的理念与认识不放。西方文化，只是人类文明的一个组成部分，曾经对世界发展和进步起到积极作用。但是，在一而再的优越感及其绝对化极端化之中，越来越脱离这个星球的现实。历史的车轮从来就不怕阻挡，也从来没有被真正阻挡住，尽管这一前进轨迹并不那么十分清晰和顺畅。

现实总是有着强大的说服、感召和融化力。作为个体的记忆是有限的，作为一个单元组织的群体记忆在选择性中也是有限的，但作为共同体的整个人类的记忆，在文明的演进中是连续、清晰和强大的。相对于历史长河，竞争中的对抗总是一时而次要的，竞争中的合作却是越来越主要而常态化。以中国为主的一批有着悠久历史文化的新兴市场和发展中国家的发展崛起，正在使多元共生的进一步合作共赢成为可预期的主流国际趋势。

在这一趋势中，秉持交往理性精神至关重要。谦卑敬畏，互学互鉴，彼此理解，相互包容，多元共生，和谐共处，正是这一交往理性精神的内在要求。几千年前，中国老子就已道出这一理念的内涵："大成若缺，其用不弊。大盈若冲，其用无穷。"

理性精神并不意味着可以缺失情感。在一个越来越工具化的世界里，真挚的情感因素更是可贵。理性与感性的适当平衡，无论是对于个体还是共同体的健康发展，都是需要的。

正是基于以上逻辑和现实，我将 2013 年 11 月份以来写作的文章，在"中国发展与全球格局"的总题目下，以"中国发展的逻辑与现实"、"国际货币体系与全球政治格局"、"历史与思想"、"情感与生活"为四个子框架，汇集整理总纂成这本文集。这些文字，不管是公开发表过的，还是未曾发表过的，都是我认真写就的。

在此，真诚感谢为了这本书出版做了大量工作的经济科学出版社的吕萍社长、于海汛先生和宋涛先生。吕萍社长一直对我的思考和写作给予关心、激励和支持。于海汛先生和宋涛先生在编辑本书的过程中，表现了令人尊敬和钦佩的专业与认真负责的精神。我还要感谢没有列出姓名的支持和鼓励我的朋友们，更要感谢读者朋友们的一贯支持。

袁 东

2017 年 4 月于北京

# 目录

**第一篇**
**中国发展的逻辑与现实** /1

　　长距离宽视野中的中国足迹：长期合理性与

　　　　因果关系 /3

　　中国经济的逻辑与现实 /11

　　中国经济形势概览 /17

　　地方政府债务的规范有序：一个任重而道远的问题 /25

　　支持推动中央所属大型企业合并同类项进程 /32

　　全球视野中的产能问题 /38

　　持久巩固与提升制造业的至关重要性 /44

　　在合作共赢中推进"一带一路"建设 /52

**第二篇**
**国际货币体系与全球政治格局** /57

　　国际货币体系走向何方：人类政治智慧的考验

　　　　——国际货币体系安排演变的一次梳理 /59

布雷顿森林体系的蜕变及其历史效应 /70

美元能否被替代

  ——水到渠成还是急躁冒进：一个有关货币的话题 /76

货币金融系统：反次为主的可持续性问题 /84

从货币锚看国际货币体系秩序 /90

贸易、金融与经济格局变化中的国际货币体系调整 /97

QE式货币贬值政策将国际货币体系推入一个

  混乱时期 /104

地缘政治格局中的国际货币体系：一种全球秩序的

  风向标 /111

复杂而现实的国际货币金融安排：中国的选择 /118

"西方"："非了然性"还是"了然性" /125

世界经济版图变动中的地缘政治格局重塑 /131

支持寻求缓解乌克兰局势政治方案的外交努力 /137

国际秩序演进：竞争中的对抗还是合作 /142

进一步的合作共赢：可期的主流国际形势 /149

# 第三篇
## 历史与思想 /155

叙事中的历史，历史中的叙事 /157

历史杂谈：战争、理性还是博爱 /164

故事：瞬间的无聊、虚无与超越 /171

# 目录

距离与空间 /178

大盈若冲 /184

判断与算计 /191

一个好人还是一个好公民 /197

"金融是美的":希勒教授的自我陶醉 /203

畏惧还是爱戴 /210

现实与想象

　　——议田园想象力与道德想象力 /216

奈何之中的无奈还是无奈之中的奈何

　　——读赵林教授的《基督教与西方文化》 /224

交往理性:日常生活世界的重建与当代社会病症的解除

　　——读哈贝马斯 /231

呼唤更多的理性瞬间

　　——浅议"现代"概念 /237

理性的最后救赎是感性

　　——读穆勒有感 /243

## 第四篇
**情感与生活** /*253*

念母 /255

**后记** /262

# 第一篇
## 中国发展的逻辑与现实

# 长距离宽视野中的中国足迹：
# 长期合理性与因果关系

　　大雪初晴，一片银白。

　　稀疏山林中的坡地，开阔而穿透。晨风吹拂着表层浮雪，扬起一缕缕银色雾花，摇曳飘洒。

　　厚厚积雪上，留下了一道前行的脚印，凸显而耀眼。

　　脚印深浅不一，大小各异。有些看上去异常坚定，有的则显出怯生有余。脚印并不整齐，甚至很多时候零乱碎杂，总体上却是蜿蜒而上，向着远处的山顶伸展开去。

　　脚印的尽头，一定是位已经看到日出并迎接着阳光的坚韧者。他仍在继续攀登，还将留下一长串的脚印，彰显于苍天大地。

这不是小说中的描写与想象，也不是影视镜头的铺陈。我是由中国历史而想到这一场景，也是由上述场景而想到了中国历史。

有人说，司马迁开创了中国以人写史的体例，将事件聚集于人，以人物展开历史事件，写事是为了写人。此前，是孔子修《春秋》那样大事记的编年史。司马迁将中国历史人格化，使那么多的典型人物故事深入到一代又一代的中国人心里。

这有道理。但这谈不上所谓将历史拟人化，因为历史原本就是人的历史。中国的文本历史，是编年史与司马迁式体例的结合。

在远距离宽视野阐释历史，并将各类思想体系穿插融合在一起，深入浅出地解读和预期人类社会状况方面，我所读过的学者中，黄仁宇先生是位优秀者。特别是，他能够将中国历史变迁，与中外各类思想学说恰当地结合起来，用于相互间的佐证与解释。

他将近现代中国（100～150年）变迁界定为"长期革命"。在解释这一历史形态的合理性与因果关系时，他并没有将视角近距离地直接聚焦于这100多年的具体人物与事件，而是首先将镜头对准了1 000多年前起始的宋朝，那是一个后人有所争议的时代。

## 长距离宽视野中的中国足迹：长期合理性与因果关系

一提起宋朝，令后世中国人骄傲的技术发明、冶铁造船、丝绸财富、瓷器艺术是何其之多，运河道路四通八达，商旅巨贾往来穿梭，京城卞梁热闹繁华，在当时世界无人能及。然而，伴随着宋词的婉约凄怨，是同契丹、西夏、女真、蒙古对抗交兵中的节节败退与屈辱，以致最后覆亡，留下了不可磨灭的"积弱"印象。于是，对这一时代，有人喜欢与赞颂，有人惋惜与批评。正因如此，宋朝似乎成了中国历史的一个分水岭，预示了近现代中国长期革命的因子。

的确，连当代以修复和梳理历史经济数据著称的欧洲经济学家麦迪森教授，都对中国宋朝经济的增长与繁荣赞叹不已。按他对统计数据的挖掘，以1990年美元计的人均GDP，公元初年的欧洲与中国分别为550美元和450美元，到宋朝结束时两者分别为576美元与600美元，日本则远远落在后面[①]，中国成为当时物质财富上的全球之冠。

然而，正如黄仁宇正确指出的，完全以农业为主体的社会组织原则，到王安石变法的1070年时，已使财富积累的结构与质量达到顶峰，农业剩余缺乏系

---

[①] 安格斯·麦迪森：《中国经济的长期表现》，上海人民出版社2008年版，第19页。

统的积累，无法使其有序地扩散到工商业活动中，更谈不上服务业，生产与分配的效率因而不可能得以提高。

在整个国家治理上，为了增强中央政府直接面向全民的课税力量，土地制度的导向完全以小自耕农为主体，防止土地兼并与集中；各级官僚遴选提拔依凭熟读诗书为标准的科举制，并以这套文教为广大乡村社会秩序维持的基础；缺乏理性的法律制度，主要依仗道德因素，各级官吏行使权力的自由裁量空间异常之大。由此，私人财产权概念模糊，极易受到随意侵害而具较大脆弱性。这套治理体系下，怎么会有鼓励和促进工商业活动的机制与体制呢？仅仅以农业活动为对象的法律制度怎么不会成为经济扩展财富增长的瓶颈呢？这也是为什么此后中国经济增长水平在800多年里徘徊不前甚至下降的原因所在。

与北方游牧民族交兵对抗中的节节败退，使得思想文化界，尤其是朝廷官僚体系里的那些文人志士，近乎无奈地认识到，仅仅凭依外部物质财富比别人多，并不一定能够保证国盛兵强而赢得战争胜利。由此，黄仁宇教授的以下判断与结论还是中肯的：

"我们可以说宋人是在提倡物质没有出路，才主张唯心。政府既无法在政治、军事、外交、经济各方面，找到一个新方案打开出路，这些思想界的人物才主张反求诸己，本身内向，着重主静、主敬、慎独，提倡'人欲'与'天理'相违。这种拘谨闭塞的作风，与700年中国社会之保守与桎梏的性格有密切关系。"①

这才形成了朱熹代表的以抽象思维体系为典型特征的宋代理学。

成吉思汗及其子孙，尽管有横冲欧亚大陆的勇气与力量，却没有一个统筹治国方略，这决定了其历史的短暂性。

1368年的朱元璋虽然将蒙古人赶走，也将中国社会安定下来，但他没有吸取宋朝开放扩展的积极因素，反而从宋朝灭亡教训中抓取了一些消极因子。

明朝的制度与政策，基本以宋代理学为理论指导，至少与其一致，拘谨而闭塞。不同于宋代，朱元璋的制度完全以最落后的产业（农业）为出发点与归宿，政治上中央高度集权，配以特务式的恐怖统治，禁止泛海，限制对外贸易，并确定了对包括日本、琉球在内的15个国家永不攻击。对内强调"均同"而

---

① 黄仁宇：《资本主义与二十一世纪》，三联书店2006年版，第520页。

不讲求效率，对外呈现一种"非竞争性"国际性格。

满族帝王的清朝承袭了明代，在思想文化与内外制度政策上几乎是一脉相承。

明清制度固然可以确保相当一段时期的社会安定，但牺牲了效率，丧失了竞争意识与能力。明清两代543年，中国的政治、经济、军事、文化等诸方面，犹如"温水煮青蛙"，在自满自大中逐步走向了积贫积弱，终于在列强的侵入与瓜分中陷入了极度自卑。

极度自卑使中国精英分子极力向先进者学习。先是主动与被动地效仿君主立宪，失败后干脆以武装力量推翻专制皇朝。几千年的制度体制一经灭亡，当时的中国立即进入了霍布斯那种"所有人对所有人战争"的无政府状态，军阀混战不绝。这使得精英分子认识到武装力量并不是解决问题的根本，便从自身起始改造思想与文化。过激者如鲁迅，将一切传统文化视为"吃人"的礼教。这犹如卢梭倡导人们抵制一切传统教化，回归简单的"原始状态"；又如尼采那种"上帝死了"的决绝。

蒋介石领导的国民党在形式上将中国重新统一起来，并创立了以军事高压为手段的高层权力结构，经过国共合作、与盟国联合的对日本入侵的抗战，使中国在世界上的主权地位再次确立起来。

然而，强势的高层结构与脆弱的社会底层结构极不对称，这也决定了经济不可能广泛的工商业化，政治上更是穷途末路。

毛泽东领导的共产党恰好从底层起步，改造了中国农村，建立起一个新的底层结构，使农业剩余能够向工商业转移，奠定了中国发展步入一个新时代的基础。

但是，20世纪70年代末之前的中国底层结构，并不是一个由价格机制起决定性作用的相互自由公平交换的模式，仍然是由政府全面主导与直接控制的机械僵化状态，农业与工商业之间、城乡之间是高度计划控制的。这不仅仍然是一种战时体制的延续或变种，也说明政府仍是霍布斯笔下那个一手执权杖一手执剑的恣意扩张的"利维坦"。

状态的不理想与难以为继，逼迫出了中国的改革开放。改变体制的战时特性，让那个庞然"利维坦"退后，并逐步用制度限制其肆意妄为，重视产权的确立与保护，不断扩大价格机制在底层社会结构中的作用，对外逐步呈现出竞争性的国际性格。

时至今日，中国基本建立起了以价格机制为主导的相互自由交换的底层结构，以制度框定不断呈现国际竞争性的上层结构，上下层结构间能够保持互通互动而又相互促进。"让市场起决定作用"的"法治中国"正在向世界的顶端迈进。对此，尽管还有很长的路要走，但我们没有理由不乐观。

前进的中国，就像本文开头那位已经留下并将继续留下长长的足印，但已经迎接到阳光的坚韧攀登者。

（写于2013年12月22日，以《长距离宽视野下的中国法治化足迹》为题发表于2014年1月10日的《上海证券报》专栏版）

# 中国经济的逻辑与现实

中国经济与货币金融市场的波动，引起全球关注，诱致一些反应，意料之中，没什么大惊小怪的，可以说很自然。

连续35年多的高速增长，不断在广度与深度上融入全球经济体系。从跟随世界经济增长，到全球第二大经济体且不断扩大与排名第三者的距离，以至于成为全球经济增长的主要领跑者，其全球溢出效应当然日渐增强。中国经济的一举一动，特别是重大经济政策调整与增长速率和方式变换，受到全球关注，早已不是这一两年的现象，过去十几年就已存在，今后还会增大。

这种关注与溢出效应，是过往几百年来不知多少代中国人艰苦奋斗所努力争取的，可说是梦寐以求。就连一直理性观察中国形势的不少西方评论者都感叹，仅仅几十年前，中国经济总量还弱小到落后于比利时这样的小国，而如今的中国影响力上升之快之大，令他们惊奇，也使其倍感欣慰。

历史上，所有发展成功的经济体，没有哪一个不是在波动中保持趋势性增长的。经济增长总是在波动中发生。经济学上将波动界定为短期增长现象。只要短期波动不损伤潜在增长能力，就是可以容忍的，就是正常的。如果能够维持短期经济增长的相对稳定性，巩固并推进长期增长潜力，就是一个可持续的健康的经济态势。

大量的规范性经济学思考和实证性分析，早已提醒到，中国经济增长在趋势上将从超高速率渐渐转向中高速率，这种转变是正常的，也是可持续性增长与发展的内在要求。这些规范性思考与实证计量分析，不仅出自中国本土经济研究人员，也来自众多西方一流大学和研究机构的学者。跨国公司与全球性金融机构的大部分中高层专业人士，亦早已接受这种观点，并有着各自的理性判断。这一共识基础，反馈到中国政府的宏观经济政策层面上，几年前就被主动界定为"经济增长的新常态"。针对和围绕这一"新常态"，中国政府着手制定了一整套适应性政策措施，确保短期经济运行相对稳定与长期增长潜力的提升。这也是全世界至少在过去三年来所已知晓的,并已经和正在做出适应性的反应,以便逐步适应中国的"新常态"。

过去35年来的绝大部分时间里,中国经济增长主要依靠投资与出口拉动。这种增长方式之所以能够维持几十年,首先得益于由中国农业体制改革激发出来的农业生产率的不断提高,农业的全面稳定和连续增产增收,引发史上空前规模的农村农业劳动力的解放并向城市和非农产业转移,促成了中国快速而大规模的工业化进程。

·高速增长的投资与出口,在过去几十年里有其合理性与必然性。正是连续多年的大规模投资与出口,才有了中国交通、能源、通信、教育、医疗卫生、城市与农村公共设施等诸多基础设施的几乎全面覆盖、突飞猛进、彻底改观,为经济增长与社会持久发展奠定了基础性保障;也才有了中国将贸易触角伸向了全球各个角落各个方面,成为了最为开放的经济体之一,完全融入了全球经济体系,积累起了巨额外汇储备,为中国当今以及未来确保经济金融政策自主性以及增强参与全球经济金融治理能力提供了重要保障条件。也正是由于基础设施、产业与贸易的有力依托,中国居民收入水平快速提升,6亿多人口脱贫,一个规模庞大的中产阶层已经形成,这对当前和今后的中国与全球发展至关重要。

不仅不能因为现在的结构转型而否定投资与出口拉动在过去几十年里的必然性与合理性，反而，正是投资与出口的持续大规模拉动，才奠定了今天结构转型的雄厚基础，确保了转型的可行性及其成功。当然，全世界也认识到了，今天的中国增长方式已到了非转不可的地步。无处不在的污染、无以复加的环境破坏、长期处在全球产业链中低端的徘徊不前，等等，均意味着过往增长方式已经越过了合理的价值临界点，质疑和阻止的力量已在积累。

正因如此，中国政府几乎早在十年前就确定了"调结构，转方式"的政策意向。但是，"冰冻三尺非一日之寒"，转变增长方式肯定不是一蹴而就的，不仅需要时间，也有一定的成本，付出必要的代价，更为重要的是，还需要相应的制度与社会环境的配合。所以，尽管早就提出了"调结构，转方式"，却迟迟没有实质性的政策措施和切实行动。

实质性转变的真正开始是过去两到三年之内。中共十八大之后提出了一整套进一步改革开放的政策措施，特别是大面积动真格的"反腐"，力求将公权力"装进制度的笼子里"，不仅强调"立规矩"，更强调依规合法，各级政府的考核机制处于切实转变之中，过去多年积累的一些扭曲的社会心理、机制、行为、现象也正在得以快速抑制和纠正，公共治理机构及其人员逐步走向清正廉洁高效、公平公正公开，有所敬畏有所自我约束的社会心理机制得以恢复，初步营造起了一种回归正常的社会机制与环境。这才使得"调结构，转方式"的经济转型真正得以切实实施，尤其是2015年的进程得以加快。加之，过去几年国际经济环境比较严峻，尤其是主要发达经济体或者复苏缓慢脆弱或者仍然陷入萧条泥潭，这也对中国经济转型产生了一种倒逼的力量。内外因素的合力作用，"去产能去库存去杠杆补短板"的"三去一补"在主动与被动的混合轨道上起步前行，中国经济转型效果开始得以真正显现。

全球第二大经济体的这种实质性大规模经济结构转变进程，正是中国经济波动有所加大并得到世界关注的根本原因所在。只不过，这种短期波动是必须和必然的，也是可以理解的。只要在宏观政策上能够确保这种短期波动是可控的，就不会影响中国经济转型的成功推进。

综合起来看，一种基于创新、全要素生产率提升、高质量高附加价值、向产业中高端爬升、更多消费拉动、向深度融入全球经济体系进一步推进的经济增长格局，已经明确成为中国增长转型所追求的阶段性目标。中国已经并正在快速向这一目标前进。但这并不表明投资与出口不再重要。相反，投资和出口仍然是至关重要的，无论是这两项的总量还是增长速度都必须一如既往地得到适度确保，变化的只是投资与出口的各自结构。

正因上述，未来的至少一两年内，中国经济依然较为严峻，短期波动仍然大于以往，但幅度会趋于缩小；完全有理由有依据做出预测，最多两三年之后，中国经济会走上一条更加健康更可持续的增长轨道，经济增长的积累将转化为结构不断趋于合理的经济发展成果，这将促成结构日益得以改进的社会发展，政治与行政机制也将得以不断改进和发展完善。

"中国经济从短期看并不乐观，从长期看也不悲观。"相比这一多少有些中庸的总体判断，我更倾向于这一认知和预测：从短期看，中国经济充盈着大量投资与创业的良好机会，从长期看，这些机会将产生丰厚回报，从而支撑着中国货币金融市场向全球核心舞台进一步靠近。

对此，我是个完全的乐观主义者。

（写于2016年3月5日，以《当今中国经济的逻辑与现实》为题发表于2016年3月10日的《上海证券报》专栏版）

# 中国经济形势概览

进入21世纪的第二个十年,中国经济形势变得更加瞩目。这不仅因为,一个新历史阶段上的经济转型得到真正切实启动并不断加速,还因为中国经济增长对全球增长的贡献率越来越大,已稳稳地超过30%,在全球日益动荡的经济、政治、军事和社会格局中,中国经济及其趋势成为了能否吸收和制动各种不确定性的至关重要的风向标,其全球溢出效应变得史无前例。

这里并不是对中国经济形势的具体细化,只是一种基于历史和现实的分析性概览。

毫无疑问,中国经济已进入新一次大规模结构调整过程。主要由投资与出口拉动,逐步转型为内需与外需、消费与投资双轮驱动的增长格局。这已被全球所确认。正因如此，中国宏观经济形势正在变得日益明朗而非模糊。

判断今后一定时期的中国经济形势，其逻辑起点在于对潜在增长能力的分析与测算，然后结合现实增长情况，及其预示的宏观政策空间，预测和把握实际增长态势。这一逻辑框架，意味着以下方面和关键指标的变动趋势至关重要：

**中国经济的潜在增长能力。**综合了人口、资本、技术因素的典型测算显示，中国经济的潜在增长率，由过去30多年的10%左右，从2010年开始处于下降之中。对2016~2020年的主要测算，界于6%~6.7%之间。2020年之后，仍然会有缓慢下降。2021~2030年间的测算值为5.4%~6.3%。

现在的主要测算，往往高估了中国人口结构变化（老龄化）的影响，却低估了近来人口政策调整（如"全面放开二孩"）、延迟退休年龄政策等的可能影响，以及未来还将有3亿人口从农村迁往城市所带来的劳动生产率的提升；看到了资本形成率的趋缓，但低估了资本使用效率的提高；看到了技术进步，但低估了中国正在大规模集中性释放人力资本长期积累的积极效能；也低估了中国政府正在推动的"供给侧结构转型改革"所带来的潜在增长力量。

综合各种内生与外生性因素的判断是，2016~2020年中国经济的潜在增长率应该不低于6.5%。

**中国经济的现实增长。**中国经济的名义现实增长率，从2007年起处于较为明显的下滑之中。2011~2015年的年均增长率为7.9%，与同期潜在增长率差别不大。但从2012年开始，现实增长率并没有超过潜在增长水平。这也是导致期间CPI和PPI均处于下滑态势，从而面临通缩压力的主要原因所在。

对于2016~2020年的年均GDP增长率，中国政府确定的预测值为6.5%左右，与潜在增长率的最低测算值相当。一方面，6.5%的预测值具有很强的目标导向性，引导着宏观经济政策的选择配置；另一方面，现实增长低于潜在增长的概率较大。

这意味着：首先，供给管理与需求管理，对中国政府的宏观经济政策选择同等重要，总体目标是增强中长期增长潜力，并使短期现实增长与潜在增长水平大体保持一致。其次，至少一定时期内可以排除较高通胀压力，这使得财政和货币政策在促进短期增长方面仍然具有一定的施展空间，稳中求进应是主基调。

诚然，债务与房地产问题的确比较瞩目。但是，鉴于各级政府与国有企业所拥有的相当规模有效资产，中国的总体净债务水平并不比主要发达国家高；

况且，债务杠杆率高企的企业部门，与债务率并不高的政府和居民部门之间，在经济结构转型过程中将得以重新配置，伴随这一过程的是总体债务水平的下降，同时又不至于使总需求水平出现较大波动。关于房地产市场，目前主要集中在一线城市之外的高额库存，将会在新一轮农村人口的大规模入城进程中得以逐步消化。实际上，这一消化的进程及其效果，比预期还要好。

**中国政府推进的"供给侧结构性改革"的影响。**中国要保持中高速经济增长，这不仅需要不断巩固与提升中长期潜在增长能力，"总需求管理政策"也要跟上，以确保现实增长不低于潜在增长水平。这已是共识，并已明确体现在政府的经济规划和宏观政策选择中。"供给侧结构性改革"正是在这一背景下提出并已在快速实施之中，目标是推动经济增长主要由投资与出口拉动，转型为内需与外需、消费与投资双轮驱动，实现结构转型和经济再平衡。这一转型能否成功，对判断预测中国乃至全球经济形势至关重要。

针对中国经济为什么要转型？以及如何转型，亦即，方向与途径是什么？无论在中国内部还是全球范围内都已取得共识，答案非常明确一致。

问题是，有无确保转型成功的保障条件？对此，应当看到，不仅不能因为现在的结构转型而否定投资与出口拉动对过去几十年里中国经济增长的必然性与合理性，反而，正是投资与出口的持续大规模拉动，才奠定了今天推进结构转型的雄厚基础和保障条件。同时，中国空前的反腐和整顿吏治行动，已经并继续取得实质性效果，各级政府的考核机制处于切实转变之中，公共治理逐步走向清正廉洁高效，这确保了各项经济转型改革政策能够真正得以切实实施。

既然如此，可以断定，中国政府以"供给侧改革"推进的结构转型能够取得成功。这预示着，转型之后的中国经济将在一条结构更加合理健康的可持续轨道上前行。实际上，中国经济正在走向一条基于创新、全要素生产率提升、向产业中高端爬升、更多消费拉动、向深度融入全球经济体系进一步推进的经济增长轨道。

当然，"冰冻三尺非一日之寒"。这一次结构转型，不仅需要时间，也有一定成本。具体而言，为了推进改革转型，中国政府确定了"五大任务"——"去库存、去产能、去杠杆、降成本和补短板"。这无疑在短期内增加了经济增长压力。尤其是，在新动能尚未居于主导之前，估计短期内的现实增长水平，不仅不会高于潜在增长率，反而可能面临较大下行压力。这决定了中国政府将会千方百计地保持"总需求管理"政策的一定力度。

**中国宏观经济政策和主要经济指标预期。**

**促进新一轮基础设施投资的兴起，仍然是宏观政策的主要着眼点**。从总体上看，中国在基础设施方面的投资余地仍然较大。这一领域的投资，不仅能够兼顾中长期增长潜能的提升和短期增长的稳定性，还能够通过对诸如医疗健康等社会基础设施的投资而促进消费需求，推进结构转型。"十三五规划"显示，这已成为中国财政和货币政策的共同着眼点。

鉴于中国的国民储蓄率仍接近50%，并主要集中在居民和企业部门，因而可以预计，这一轮基础设施投资，将主要由政策性银行配合中央财政启动，并吸收2009年起始的上一轮基础设施投资热潮的经验教训，注重推进与私人资本的合作；还会进一步注重通过发展基础设施项目债券市场来融资，以广泛动员私人资本参与。

**扩张性财政政策与适度宽松货币政策的搭配，是宏观政策的主要手段**。减税和扩大开支，赤字率不小于3%，很可能是2016~2020年财政政策的基本态势。扩大的财政开支将主要投向基础设施。中央财政50%~60%的债务率，预示着国债发行规模会进一步扩大。这也使得利用当前和今后一段时期利率较低的市场条件，大量筹集中长期资金用于基础设施投资，在经济上既具有必要性也有着合理性与可行性。

需要注意的新动向是，在进一步规范地方政府发债融资活动的同时，中国政府更加重视由中央财政连同政策性银行作为这一轮基础设施投资的主导，并已经启动了与私人资本的合作机制（PPP）。随着PPP项目储备的进一步增加，如果这些项目能够在今后一段时期内得以基本实施，扩张性财政政策就会对私人资本产生较大"挤入"效应，带来良好的经济效果。

无论是为了抑制现实经济增长低于潜在增长率而导致的通缩压力，还是出于总需求管理的需要，都预示着货币政策在今后一段时期内基本是适度宽松的。PPI和CPI的走势，以及外汇储备净增加额的大幅下降甚至转为负数，致使中国央行货币投放少了前十多年的"外汇占款"渠道，这决定了基准利率仍然缺少上调的必要与空间。

短期物价趋势缺少上行压力对上述政策基调形成支持。当然，伴随美元基准利率的调整动态，资本跨境流动的不确定性，以及"去产能去杠杆"而来的信用风险增加，债券市场收益率走势将出现分化；所有这些因素，均使得利率波动相对加大。但基于总体经济和物价的平稳趋势，以及总需求管理政策运用的需要等，利率水平在短期内仍然比较稳定，上升和下行的空间均不大。

综合中国进出口、资本流动、主要货币基准利率变动、中国汇率政策等因素，特别是随着新一轮汇率改革的推进，人民币在逐步与美元"脱钩"，使得人民币无论是对美元的汇率，还是对一篮子货币的汇率，波动相对加大。但全球相比较而言，人民币汇率相对稳定，并不是汇率波动的主角。

总体上的稳态，是对中国经济形势的基本判断。这一态势，有利于中国正在推进的各项改革，有利于保持应有的增长速度，有利于不断提升增长质量，有利于中国经济与全球经济的进一步融合。这对世界经济增长与发展是福音。世界应当珍惜和维护这一中国福音。

（写于 2016 年 6 月 15 日）

# 地方政府债务的规范有序：
# 一个任重而道远的问题

地方政府债务的确必须尽快清理、整顿和规范。如何做？除了正在进行的家底摸清，就是要编制地方政府的资产负债表，堵"后门旁门"开"正门"，允许地方发行市政债券。

这是正确的思路与方向。但是，编制资产负债表，仅是让地方政府债务进入全口径的统计监测视野，使之变得公开透明，信息及时完整。问题是，届时所谓规范化的地方政府债务以多大规模为宜呢？如何使规模控制在不同地方政府所能承受的范围内呢？

有人会立即认为，这不难，由中央政府规定统一的负债率（无论是相对于政府资产还是当地的GDP）

即可。也有人会说，只要信息公开透明，就可以通过加强地方人代会的审批监督而将债务控制在适当水平。

有道理。无论是负债率还是人代会的审批监督，的确是控制债务规模的方式。然而，中国有34个省级、334个地市级、2 854个县市级政府，理应都有举债权，这还没包括乡镇一级政府。数量如此众多的政府分布于广阔的国土上，相互间的经济条件和发展需求，不说差异巨大，至少也是不容小视。而且，作为新兴经济体，中国各地区的发展变化速度非常快。如此，如何能够对这么多的不同层级政府划定一个适当的负债率？即使能够划定，又如何保证做到随着时间的流逝和发展环境的变化而及时恰当地修订负债率，使之符合当地的经济条件、负债能力与发展所需呢？

就目前各方面的情况而言，恐怕很难想象出中央政府能够对此有一套令人信服的机制确保上述问题不成为问题。有人也许会说，像发达国家那样实施债务余额管理制度，但这仍然有如同上述用负债率来界定债务水平一样的问题。

何况，十多年前，财政部就开始探讨国债规模管理制度是否由年度规模管理过渡到余额管理方式，但迄今也没有任何转变的迹象。从形式上看，余额管理制度似乎增加了债务管理的灵活性，只要余额不超过国会批准的限额水平，就可以在期限、券种、发行时间等方面根据财政预算需要进行灵活配置与调整；同时，好像也增加了债务规模管理的硬约束。

然而，实际上，余额管理是否增强了债务水平的硬约束，这取决于国会或议会的权威性，对政府是否具备强有力的约束监督权力。在这方面，中国的人代会还有不小的距离。目前这种人代会机制与权威状态下，无论是年度规模管理还是余额限额管理，对中央政府的债务调整而言，似乎差别不大。如果说年度规模管理给了中央财政每年都有的调整权力与余地，那么，即便实行余额限额管理制度，中央财政照样可以做到对余额的较大随意性修改。

更不用说，在美国这样长期以来实行余额限额管理制度的国家，从克林顿政府开始，到目前已有多次因国债余额限额是否提高，而在国会与联邦政府间互不让步，导致政府关门的现象。当然，每次到最后，还是国会做出了让步。否则，美国联邦政府债务余额就不会由克林顿政府时的5万多亿美元一路上升到当前的14.5万亿美元，而且这一限额还处在急需大幅提升的激烈争议之中。国会的一再让步，说明了国会对联邦政府债务规模缺乏足够的硬约束。这还是在美国国会对政府的约束监督力度几乎是当今世界上最大，美国国会是全球最具有权威性议会的情况下。对中国当前而言，会是什么情况，就可想而知了。

这还是就过去几十年和眼下中国中央政府债务规模的管理情况来讲的。由此不难想象，对于各级地方政府的债务规模，不管是年度规模管理制还是余额管理制，一方面，在实际效果上没有什么差别，另一方面，恐怕均难以起到硬约束的作用。

退一步讲，即使各级人代会能够对同级政府债务问题具有应有的约束监督权力，但当出现个别地方政府资不抵债时，是否允许地方政府破产？无论是比照私人部门的财务惯例，还是发达国家已有的实践，当负债率超出一定水平，致使资不抵债时，政府同样是可以破产的。政府破产意味着，一方面，债权人的权益进入保全阶段，对政府资产进行清算，以确保债权人损失最小化；另一方面，政府领导层面也进入重组，如同企业一样，很难想象一家破产了的企业领导层还能继续掌权，在美国这样的国家，就意味着州或地市政府的领导权要让渡给另一党派了。这在中国可行吗？

如果不允许地方政府破产，编制各级地方政府的资产负债表，在最终结果上又有什么意义呢？

中国不同于美国。由于历史原因，美国各州具有相当程度上的独立性，各州地市的议会对同级政府具备较为完整的约束监督权力，特别是对其财政预算与债务规模，可以说具有硬约束性。各州与联邦之间的财政上划下拨，不仅分得很清，而且较为规范，几乎具有完全的透明度和公开性。

相比之下，中国自古以来就是一个大一统的中央集权制国家，各级政府的独立性并不大，中央政府的干预不仅很大也较随意，伴随两者之间事权划分的不清晰而来的是财权模糊甚至混乱；当前中国的各级人代会制度在规范性权威性硬约束性建设上，尚需走的路程并不短，至少对同级政府的财政预算审批与监督约束力非常不到位；现行财政体制中涉及中央与各级政府间的税种划分、上解收入、补贴、转移支付等，不仅数量庞杂，而且在上下级间各地区间存在标准缺失、不公平、不公开、透明度不够等不合理不规范的问题。

如此，怎么能指望通过编制资产负债表，规定几个数量指标，就不会出现如同过去十多年积累而成的地方政府债务问题呢？不可否认，这样做总比不作为要好得多，至少可以做到部分信息能够得到一定程度上的正确记录与公开，并得到一定的评测。然而，这很难确保不会出现资产负债表充斥着虚假不实的数据，难以避免已经出现过的资产重复甚至虚假抵押现象，难以保证或有负债甚至实有负债得到准确评估，难以杜绝一些地方政府的负债率远远超过其实际和潜在应债能力而出现资不抵债的现象。

无论是着眼于当前还是将来，又不能不允许地方政府举债。想想看，尽管眼下与过去在法律和行政规章上均明确不允许地方举债，不也照样五花八门地绕过法律使地方政府债务迅速大规模膨胀起来，以至于到了近乎不可收拾的地步吗？

如此看来，地方政府债务问题实在是冰冻三尺非一日之寒，要想妥善解决，理顺各种关系，真正规范有序地运作，并非易事，更不可能是一蹴而就的。说到底，地方债务问题的相对有效解决，涉及中国法治化建设、权力制衡监督机制建设、人民代表大会制度建设、行政体制改革、财政体制改革等。

通过地方政府债务问题，可以观察到很多中国急需建设与改革的领域，因而它也是中国诸多事宜的一个综合反映。绝不是仅仅允许各级地方政府可以发行所谓的市政债券，再配以资产负债表的编制，并经过各级人大走一个程序那样简单。这也是为什么地方政

## 地方政府债务的规范有序：一个任重而道远的问题

府债务问题变得比以往任何时候都更加突出而值得高度重视的原因所在。

（写于 2013 年 11 月 30 日，以《促进地方政府债务规范有序任重而道远》为题发表于 2013 年 12 月 4 日的《上海证券报》专栏版）

# 支持推动中央所属大型企业
# 合并同类项进程

"分久必合，合久必分。"这是罗贯中所理解的历史逻辑。如果当前大型中央所属国有企业改革的一个途径是合并同类项，亦即，将同一行业的央企合并，则并非是罗贯中所指的那种逻辑，而是在深化认识基础上的一种长久性理智选择。

曾几何时，人们论证说，将大型央企拆分，就会形成良好的竞争格局，带来经济效益与社会效益的双双提升，有利于广大消费者。实践中，也的确在20世纪90年代中期这么做的。

结果呢？并没有带来那种真正的市场竞争，行政性垄断依旧，企业治理与决策模式也没有发生什么根本性改变，价格调整也不是出于市场化的内部压力与动力，而基本来自外部或者全球市场的压力；漫灌式的连续巨额投资伴随着粗放管理，各种跑冒滴漏不是缩小了而是扩大了；相比于所消耗的资本、能源、资源、环境等投入，大型央企的经济效益与社会效益相对而言并没有得到同等幅度的改善，广大消费者来自央企的受益也不尽如人意，甚至在某些领域的产品与服务购买上还相对受损，比如不合理的收费与价格调整。

实际上，央企的拆分，增加了官位与中高层管理人员配备，这带来了更多的扯皮与内耗，扩大了滋生寻租腐败的温床与切入口，侵占公产及借公肥私的漏损口大大增加了。这从2014年以来中央巡视组对大型央企的巡视结果中就可以看得出来。仅仅是中高层管理人员的增加，相比没有拆分之前，对于整个官办产业而言，就是一笔巨大的成本增加，更不用说这里面还有因决策与管理不善所形成的损耗了。

只是通过拆分而增加企业数量，并没有也不可能改变大型央企的高管人员任用机制；主业产品与服务的定价机制也没有因企业数量增加而得以改变。仅仅是这两点就决定了，拆分怎么可能带来市场化以及同市场化相适应的竞争呢？

非但如此，拆分的负面效应还表现于大型央企在本土与国际上同外资企业对市场的争夺上。相比一个主要产业里只存在一家央企的情况，多家央企的共存，外资更容易通过各个击破战略，来打乱中国竞争对手的防线，增强进入中国本土市场的谈判筹码，获取更多的市场份额与利益。这样的案例，在各个产业里即使说不上比比皆是，至少也是不会少见。

在"走出去"获取项目、资源、市场机会的过程中，同一行业多家央企共存格局更是相互拆台，难以抱团形成统一战线来提升中国企业的谈判竞争力量，往往丧失了一些有利机会。即使在本土显得个头很大的央企，在国际市场上与老牌西方跨国公司相比，无论是规模还是国际竞争力，并没有多大优势。如果不能再相互补台抱团作战，其结果可想而知。

为什么会这样？究其原因，应当正视以下事实：过去和当前阶段，大型央企主要管理人员是由中央组织部门任命与管理；重点行业央企产品与服务价格调整权，根本上在国家行政机构；实际控制人，也就是控股股东都是相同的；央企并没有也不可能完全市场化，行政性仍然是央企的内涵之一；主要央企在本土某些产业中具有垄断性是事实，这种垄断既有历史原因也有行政因素。

既然如此，央企之间的所谓竞争不可能是真正的市场化竞争；同一产业里，存在一家央企还是多家央企，无关经营决策机制、治理模式、主要管理人员产生机制，至少在这些方面，拆分并非是真正的机制改革；央企之间，只有所属行业的差别和专业性的差别，不存在其他的根本差别；同一行业里，保留多个央企不如只存在一家央企那样更便于集中统一管理与监督；一个行业里只留一家央企的规模效应更加突出，有利于减少国家成本，减少既得利益集团的形成，减少对今后对国有企业改革的阻力；如果一个行业里只留一家央企，在充分发挥其专业性的同时，借助国家力量，更能提升其在本土与国际市场上同西方跨国家公司的竞争力，有利于引领中国企业的国际化进程。

就当前和今后而言，也应当予以正视的是，大型央企是我国重要的政治基础之一，是相当一段时期的客观存在；央企主要管理人员由中央组织部门管理也是必然；重点行业的央企产品与服务价格调整也不可能完全市场化；大型央企的存在与发展，与让市场发挥决定性作用并不矛盾，反而是将提升国家治理能力与让市场发挥决定性作用予以平衡结合的一种体现。

由此可见，针对大型央企，应当合并同类项，对于主营业务同属一个行业的央企予以合并。针对确实有必要保留央企的行业，每个行业只有一家央企，足矣。同时，对于央企在该行业里在哪些方面发挥什么作用，占据多大市场空间，给予顶层设计，做出厘定；不需要央企占据的要素与空间，释放给其他类市场主体。

如此行事的好处，上已有述。至于人们最担心的垄断，与央企数量的多少并不相关，合并同类项后至少没有加剧央企作为一个整体的垄断程度，所以，这种担心不成立，没有必要。

如同拆分，合并同类项，减少央企数量，同样不会涉及央企根本体制与机制改革，更不是央企改革的全部，但是，至少可以为今后进一步推进国有企业改革消除障碍，铺平道路。

最近几年来，国务院国有资产管理部门一直在主导并推进央企的合并同类项，不断减少央企数量，取得了一些效果，这是值得肯定的。只是，进展缓慢。主要原因是推动这一进程中的阻力较大。阻力主要来自于央企层面和相关机构层面的既得利益集团。

当前，正值新一届中央领导集体决心推进深化经济体制改革，全面加大反腐力度，整顿各方面的风气，已经、正在并将继续取得积极效果，统一并加深了社会各界的正确认识，正在形成一个有利于推进包括大型央企在内的经济体制深入改革的良好氛围。这对推进央企合并同类项的工作是一个难得的好时机。

令人欣慰的是，大型央企合并同类项工作已有新的进展迹象。对此，应当给予充分肯定和支持。

（写于2015年3月1日，以《大型企业合并同类项是长久性理智选择》为题发表于2015年3月25日的《上海证券报》专栏版）

# 全球视野中的产能问题

患寡还是患多，要看时空条件。如果时空范围足够大，人们大可不必为"多"而忧。这是常识。但在认识"产能过剩"时，太多的人似乎完全忘记了这一常识。看来，常识最易被违背。

多少年来，产能过剩一直被视为中国经济的最大症结。产能过剩与否，是由一定时空范围内的供求对比状态而定的。供过于求，产品价格下滑，产业企业盈利能力下降，被看作产能过剩的体现。而产能过剩总是被作为投资主导型经济增长方式的必然结果，以此作为增长过于依赖投资而消费不足，进而强调压投资促消费的有力证据。这是连经济学本科生都很熟悉的经济分析范式与思路。

无疑，中国现行的制度和体制，使得政府与市场的界限并不十分清晰,前者一直处于强势地位,这促生了投资的超常规增长,在形成与强化生产能力的同时,也压抑了一部分正常而必要的消费,当然,快速增长的生产能力也多存在层次不高的重复性。

然而,生产始终是消费的源泉,生产不仅是能够自动产生消费,并且,没有生产性技术与能力的提高,哪来消费层级的提升?生产永远都是人类文明进步的根本。这意味着萨伊法则的正确性。亚当·斯密的经济学也完全是以此为出发点与归宿的。其实,就经济学思想史来看,萨伊法则是向斯密经济学的回归。

何况,正是投资的快速增长与投资能力的提升,才有了今天中国的经济体量与崭新阶段。尽管这期间产生了很多弊端,付出了很大代价,但恐怕没有几个人想回到从前那种"短缺"的年代。"过剩"固然有着诸多问题,可完全是不同于"短缺"层面的问题。

不可否认,过去几十年与眼下的确存在"产能过剩"。但这只是相对的,是相对于中国国内市场而言的。亦即,大多数所谓"产能过剩"是相对封闭经济条件下的"过剩",也是周期性的体现。当然,这并不否认存在着一些结构性的绝对过剩。

如果将视野投向全球,以全球性需求与市场来衡量时，中国很多的"过剩产能"将不复存在。当然，世界并不是平的，贸易和投资壁垒层出不穷，各经济体间的竞争向来十分激烈，全球市场迄今也难以说是统一而相互充分开放的。所以，全球性需求能否给予中国供应商机会，是否允许你"走进"遍布全球各地的市场；即使存在机会，中国自身的制度与体制是否允许供应商"走出去"，或者给予"走出去"以必要条件，抑或外在条件具备的情况下，中国业者是否有能力"走出去"，并在外立住脚，形成竞争力，也都是不确定的。

但是，不管怎样，如今的全球化是人类历史上前所未有的。不考虑全球性需求与全球市场，只是囿于一个经济体内部的平衡，是一种封闭而狭隘的平衡，这种平衡不仅是暂时和脆弱的，也是一种最大的不平衡。以这种视角断言的"产能过剩"，是一种误判误导。

即使单单观察改革开放 35 年来的中国市场，供求也不仅仅是纯粹的中国本土元素。正如"产能"，就有相当部分产品的产能是"外来的"，是其他经济体从其本土"走出去"，而"走进"中国市场的。

再对发达国家的情况予以粗略考察，便可知，仅仅针对本土市场来判定产能过剩与否，是多么的狭隘而歪曲。美国、德国、日本等主要发达经济体，其大多数产能相对于本土市场，恐怕早就"过剩"了，其产品与服务绝对不是本土市场所能消化了的。看看欧洲和日本的汽车产能，有多少是来满足本土以外的他国市场，就知道他们强大的产能主要是针对着全球市场需求的。来自中国市场的销售，已经成为欧洲汽车产业的主要收入来源。

所有发达经济体的大型企业，已经成为跨国公司，完全是在综合了本土与全球市场需求以后，来考虑和决策产能规模与布局，追求的是全球范围内的平衡，整合利用的是全球资源，以至于将供应链与生产环节在全球设置。相应地，任何一个发达经济体的宏观经济均衡也是考虑了全球需求因素后的均衡，其消费与投资的平衡早已超出了本土市场。特别是其消费能力与水平，绝不仅仅是相对于发生在本土的投资规模来讲的，而是由包括了本土与海外的综合投资能力支撑的。

尽管自2008年金融危机以来美国本土投资与经济增长下滑，虽然日本已"失去15年"甚至20年，然而，他们的人均水平无论是增长情况还是绝对水平，仍然居高不下，并没有随本土市场的不景气而大幅滑落，原因就是他们都有一个强大的"海外美国"、"海外日本"。更不用说，危机以来一直增长着的德国，其产能更主要是针对海外市场。如果只针对国内市场需求，他们的产能恐怕早就"过剩"得一塌糊涂了。

任何一种只在本土市场范围内计算和断定产能过剩与否的经济分析与指导思想，任何一种不考虑全球市场的宏观经济均衡观，实在是初级而落后的经济观，以此选择与确定的经济制度和政策措施，必然抑制着应有的经济增长与进步。

过去几年来，针对中国经济平衡尤其是产能状况的较为普遍的分析与观念，正是这种落后而狭隘的经济观的典型体现。如果其他经济体总是强调指责中国本土消费水平过低，要求中国经济增长主要由消费主导，是为了满足他们既有甚至新增产能扩张之需，向中国出口更多的产品与服务，有可理解之处；那么，如果中国本土经济学者与政策决策机构也过于强调如此观念，则实在是难以理解。

这么讲，并不意味着中国的经济是完全均衡的，是十分健康而没有问题的，更不意味着中国本土的消费能力与水平不用提升。恰恰相反。更不用说，没有哪个经济体是完全均衡而非常健康的。只是表明，上述经济分析思路与观念所指导下的很多政策选择与措施采取，恰恰不利于中国消费能力与水平的长久而持续地提升，恰恰不利于中国经济在更广空间内更高层级上的均衡增长与发展。比如，从指导思想上并不真切重视中国企业"走出去"，很多具体的政策措施阻碍了中国企业在全球范围内的产能布局。

如果考虑了全球市场需求，针对中国产能状况，进而投资与消费的相对状况，以及支撑和改善消费水平的经济分析，将不是目前普遍流行的路径与观念，对政策选择的指导也将是不同的。

（写于 2013 年 11 月 2 日）

# 持久巩固与提升制造业的至关重要性

两位学者在对英国20世纪60年代到90年代末制造业情况进行梳理分析后,于2000年公开发表的结论是:

"为了创造并持续保持一个有竞争力的经济体,企业部门需要一个稳定的经济增长环境,以便能够促进企业间的合作,鼓励创新和产品升级换代,以及提升经济发展的技能基础。"[1]

他们之所以得出并强调这一结论,是基于自20

---

[1] Michael. Kitson and Jonathan. Michie, The Political Economy of Competitiveness, Rouledge, 2000, P. 123. "Thus, in Order to Create and Sustain a Competitive Economy, Firms Require Stable Economic Growth to Foster Inter-firm Cooperation and Encourage Innovation and Product Development and the Upgrading of the Skill Base of Economy."

世纪60年代起,英国制造业的持续滑坡及其带来的后续影响。

在大英帝国让出世界头把交椅长达半个多世纪后,尤其是随着"二战"结束海外殖民地的纷纷独立,而使帝国远离了"日不落"的光环之后,无论是占全球制造业比重,还是在本国 GDP 中的份额,吸纳的就业比例,以及品牌等各个方面,"英国制造"随同帝国退出了历史核心舞台,不仅与美国,也与德国、日本等 OECD 主要国家的差距越拉越大。以至于人们再也不能脱口说出当今世界上哪种主导性产品是"英国制造"。

这两位学者在分析英国制造业大滑落的政策性原因时,将矛头指向了货币与工业政策:

"过去30多年(60~90年代)英国宏观经济政策一再导致汇率高估与高利率,这两者均打击了制造业。与此同时,工业政策一直是无效的,几乎没有将公共部门作为一种现代性力量加以运用。"[1]

---

[1] Michael. Kitson and Jonathan. Michie "UK Macroeconomic Policy Over the Past 30 Years has Resulted Repeatedly in an Overall Exchange Rate and High Interest Rates, both of Which are Damaging to the Manufacturing, While Industrial Policy has been Ineffectual, with Little Attempt to Use Public Sector as a Modernizing Force.", The Political Economy of Competitiveness, Rouledge, 2000, P. 122.

不难看出，两位学者对一味限制甚至否认政府积极作用的理论与政策持批评态度。的确如此，他们对20世纪80年代撒切尔夫人的政策所导致的一些教训，尤其是对英国制造业的轻视与打击，进行了总结和批评。

他们认为，自60年代起，历届英国政府，特别是撒切尔夫人时代，政府经济政策的目标过于关注诸如通货膨胀率和利率等这些名义指标，而不是就业率和产出等实体经济变量。在70年代"石油冲击"导致的经济滞胀性衰退后，英国跟在美国后面，一味将抑制通胀作为政府的主要目标。在"新自由主义"理念指导下的一套自由化政策中，将建设一个所谓更加有弹性和灵活的劳动力市场作为当时的主要任务，这实际上就是打击和缩减工会力量，削弱劳工阶层的整体谈判能力。这不仅降低了企业对劳工的薪酬支出，也大大降低了对在职雇员的技能培训支出。同时，高估的汇率和高利率又打击了制造业的出口能力，使制造业企业对培训支出更加没有热情与能力。这形成了恶性循环。时间一长，英国经济的技能基础（Skill Base）受到极大削弱。

企业资本支出能力与水平（无论是投在设备上的还是研发方面的）不断下降，经济的技能基础不断弱化。在一味"小政府"和限制政府支出的约束下，大量失业人员得不到来自政府的再就业培训支持。如此，怎么会有真正的创新和生产率提升呢？又怎么不在各国竞争中败下阵来呢？

两位学者的分析没有遵循一般新古典经济分析范式。企业面临的环境并不是充分竞争的，价格并非时时处处都是有效的。他们认为，产品质量和良好的消费者客户关系才是竞争力的关键。[1]

究其根本，两位学者对英国政府在20世纪最后近40年里的"去工业化（Deindustrialization）"现实及其相应政策很不以为然，在持强烈批评态度的同时，深表惋惜。

他们引用比较数据说明，在所有主要工业化发达国家中，英国是唯一一个制造业产出增速低于其他产品与服务产出增速的国家，也是其中制造业产出下降速率与幅度、吸纳劳动就业比例与下降幅度最大的国家，制造业设备投资、培训与研发投入最为严重不足的国家之一。从1983年英国制造业部门对外进出口

---

[1] Michael. Kitson and Jonathan. Michie "In Reality Many Firms have Few Effective Competitors and the Key Factors Which Contribute to Competitive Advantage are Product Quality and the Characteristics of the Consumer-client Relationship. ", The Political Economy of Competitiveness, Rouledge, 2000, P. 123.

不再有盈余后，一直到两位学者考察的 1999 年便一直是赤字，其国际竞争力不再有昔日辉煌。他们同意其他学者所总结的，制造业产出的相对下降只是"英国的独有现象"。①

不错，撒切尔夫人主政的 80 年代的政策，使得制造业生产率有了一定提高。然而，且不说英国的这一指标表现仍然逊色于其他主要工业化国家，即便是这种增长所带来的收益，也主要被用于增加利润，而不是用于降低产出价格；增加的利润主要被用于股息分红支付，而不是投资。如果生产率提升带来的收益主要用于降低产出价格和投资，则将有助于扩大市场份额和产出，进而扩大就业，以及增强投资与研发投入，这将会巩固与增强经济基础。遗憾的是，过于注重降低成本和提高股东利润，导致英国制造业的净投入从 60 年代起一路下滑到 90 年代的负数，制造业的就业吸纳水平也一再下降。所有这些现象难以用服务业状况（特别是人们关心的替代效应）得到解释，尤其是在就业方面，制造业就业水平大大下降的同时，伴随着的是制造业业绩的大幅度恶化以及整个国家总

---

① Michael. Kitson and Jonathan. Michie "The Relative Decline in Manufacturing Output was a Unique British's Phenomenon.", The Political Economy of Competitiveness, Rouledge, 2000, P. 111.

体失业率的上升。

　　这都与德国、日本、美国等主要发达工业化国家同时期的情况形成了较大反差。这导致了对外贸易不断恶化,就业与收入水平不断下降,研发创新与技术进步能力几近丧失,经济基础不断遭到侵蚀,经济增长越来越乏力,长期增长潜力受到削弱。无疑,糟糕的制造业拖累并打击了整个国家的经济增长。至少英国是这样的。

　　由此,人们看到,1950年时英国还是欧洲第二富有的经济体,到了1973年就滑落到第7位,1992年跌落到第11位;1950~1973年间,在欧洲16个经济体中,英国的经济增长率最低;1973~1992年当所有这些经济体的增长率均下降时,英国并列排在第12位,仅有两个经济体比英国更糟。

　　英国的这段历史表明,"去工业化"无论何时都是值得特别慎重甚至警惕的提法,更不用说去做。对于中国这样的大型发展中经济体,就更是应当远离这样的意识与想法。尽管"无工不富"似乎听上去有些老套与庸俗,但迄今的经济史还尚未证明这一说法不正确或者不应受到重视。至于"后工业化时代"是否应该和能够到来,还看不出这方面的任何迹象,更谈不上何时到来。

最近，由国际会计咨询机构德勤公司与美国竞争能力委员会，根据对全球制造业企业500位CEO和高层管理者的调研，以及全球制造业竞争力指数（GMC），而出具的一份报告显示，今后5年内"美国制造"将大跨步回归，并且将取代中国，成为全球制造业最具竞争力的国家。与以往认为制造业正落后于时代的观点不同，这份报告认为，以先进技术和通过创新而增长的制造业，正在呈现出一种可持续、智能、安全和喷涌而出的态势，在这一工业转型过程中，美国通过研发投资将人员、技术、资本、组织因素集合成一个创新和创造巨额价值的互联集成系统，以锁定制造业的竞争优势，真正在定义与现实化"工业4.0"版方面走在世界前列[①]。

以此视角看，仍然处于工业化时代的中国，已经提出并正在大力推进装备制造业和高新技术制造业的进一步发展政策，以提高产品质量和研发生产出更加适合消费者需要的制造业产品，强调研发与科技投入的创新战略，确定"中国制造"不断升级的一个个阶段性目标，稳固并不断提升制造业产出规模、质量和

---

[①] Deloitte：United States to Take Top Position from China as the Most Competitive Manufacturing Country, 6th April, 2016, China Daily.

竞争能力，加大在职培训与再就业培训的公共和私人支出，促进职业技能教育，以不断巩固与增强国民经济的技能基础，维护与提升中长期经济增长潜力，所有这些，对于确保消费与服务业的相应增长有可靠的基础与保障条件，以及整个经济的健康可持续增长与发展，都是十分明智与正确的。对此，应当长期予以坚定坚持，不可有任何松懈与偏离。为此，应特别注意宏观经济政策的合理有效性，确保短期经济增长的稳定性，为包括制造业企业在内的企业部门创造一个注重创新、技术与产品不断升级换代的适宜环境。

（写于2016年4月17日，以《"英国制造"是怎么退出历史核心舞台的》为题发表于2016年4月30日的《上海证券报》专栏版）

# 在合作共赢中推进
"一带一路"建设

本着共商共建共享的精神,中国领导人提出了"一带一路"倡议。这一倡议的一个方向,就是基础设施的互联互通。

对基础设施的大力投入与建设,基础设施互联互通网络的形成和改善,不断提升着产业承载能力,使得快速推进工业化和城市化,变得水到渠成。这是过去几十年新兴市场和发展中国家,尤其是中国,所积累起来的发展经验。

至少中国经验表明,开发性金融机制,在促进基础设施投资、建设和根本改观方面,有着重大作用。这已被众多国家所认可。

开发性金融机制的先导性,对政府和市场作用的融合性，对私人资本的广泛动员性，对中长期融资市场的培育和促进力，对投融资风险的缓冲作用，都是基础设施建设所内在需要的有效机制。在这一方面，中国同样积累起了令人信服和钦佩的经验。

正是基于包括中国在内的新兴市场和发展中国家的经验积累，中国领导人倡议筹建亚投行。

亚投行的成功筹建和开业运营，壮大了世界多边开发性金融力量，增强了对亚洲发展中国家基础设施建设的支持力度。

我们清醒地看到，全球基础设施的投资需求巨大。近几年，各类机构有着多种测算，基本共识是，世界范围内的基础设施投资有着巨额缺口，其中，大部分发生在亚洲。

这一背景，对于多边开发金融机构而言，不仅意味着自身的直接投入，需要不断加大，更意味着，必须充分发挥起动员、撬动、引领和挤入私人资本的作用，必须逐步将发展中国家及其项目主体直接进入资本市场的融资能力培育起来，最终必须将亚洲债券市场推动发展起来。

粗略统计，截至 2015 年底，全球十几家多边开发金融机构，总的法定认缴资本金在 9 500 亿美元左右，实缴资本资金不到 700 亿美元，实缴比率普遍较低，平均不到 8%；总资产大约在 1.3 万亿美元，净资产不到 2 000 亿美元，贷款余额不到 9 000 亿美元。2015 年，所有多边开发金融机构投入基础设施的资金，占当年全球基础设施投资总额的 5%。

如果仅从直接投资数额看，多边开发金融机构的投入，相对于巨额需求，可以说杯水车薪。如果不能将其投资发挥出先导引领的撬动作用，多边开发金融机构的意义将受到较大抑制。当然，已有的机构，积累了一些经验，伴随其资金投入，为发展中国家带来了有利于发展的一些概念和知识，以及相关的机制。

对此，作为后来者的亚投行，首个运营年度，就打出了良好开局。全年共计为 7 个亚洲发展中国家的 9 个项目提供了 17.27 亿美元的贷款，撬动公共和私营部门资金 125 亿美元。这些项目的投资建设，对改善借款国的城市设施、交通、能源供给能力和使用效率，推进国际产能合作，促进区域互联互通具有积极意义。

对于今后的运营与发展，一些相关构想和建议包括：

——作为 21 世纪的新型多边开发金融机构，亚投行除了继续与其他多边开发机构展开联合融资外，还应启动与相关国家的开发机构和商业性金融机构的联合融资或者平行融资。与此同时，坚持数量与质量并重的原则，不断增强自主项目的开发、储备、审核和执行能力。

——除了尽快建立起常规性的债券融资机制外，还应探索同各类私人资本的务实有效合作，促进私人资本参与基础设施投资。就中长期而言，应连同相关方面，一起努力，积极帮助发展中国家增强进入资本市场的融资能力。这包括研究如何以基础设施项目债券为主体，支持发展中成员国的本土债券市场发展。在此基础上，推进亚洲债券市场发展，切实增强亚洲基础设施的综合性投融资能力。这是亚投行应当也必将能够发挥的基础性、开发性、支撑性和引领性作用所在。

——亚投行的项目采购政策明确规定，本着公开公平的原则，向全球企业开放。在诸多基础设施领域，无论是新建项目，还是传统项目的智能化升级改造，对各类企业都意味着大量商机。各成员国企业可以积极参与投标，为亚投行项目提供高质量的产品、技术和服务，在服务于亚洲互联互通的同时，进一步拓展各自的国际化空间。

——作为一个多边机构，尽管亚投行并非专门为"一带一路"所设，但对"一带一路"高度重视，将以基础设施互联互通为主要切入点，与其他多边发展组织一道，积极参与推进"一带一路"建设。实际上，众多"一带一路"沿线国家也是亚投行的成员国，只要有符合亚投行贷款原则的项目，亚投行就应给予支持。另一方面，对于其他地区的成员国，丝毫也不应忽视，同样给予积极支持。随着成员国数量的增多，应当综合考虑资金分配，以便让所有成员国都能获益。

"一带一路"建设，以及更广泛的全球经济一体化推进，都要求对基础设施互联互通建设进行持续的投入。这不仅需要多边开发金融机构之间的密切合作，也需要多边机构同各国公共与商业机构的密切合作，在合作的主基调里，发挥出多边开发性金融机制的应有作用。

*（在 2017 年 4 月 19 日于北京举行的第七届亚洲研究论坛上的演讲）*

# 第二篇
# 国际货币体系与全球政治格局

# 国际货币体系走向何方：
# 人类政治智慧的考验

——国际货币体系安排演变的一次梳理

货币从来就是共同体认可的产物，尽管共同体的范围可大可小。货币生来就是非个体性非特殊性的，这也是为什么将其界定为"一般等价物"的原因所在。"一般"，亦即普遍性和经常性，从而具有一定期间的可持续性。这决定了货币不仅摆脱不了政治色彩，反而还依赖于政治机制。某种程度上讲，货币事务至少也是基于市场的政治事务。

即便在贵金属本位的货币时代，货币事务也深深地印留着政治机制的痕迹，更不用说仰仗一国法律强制运行的纯粹纸币时代了。可想而知，超出一国之外的国际货币事务，就更是一天也离不开国际政治协调与合作。那种将国际货币安排视为纯粹市场自发事务的认识，实在是掩耳盗铃。只不过，国际政治协调不能忽视市场力量。可以说，是国际政治与市场两股力量的相互认可、相互约束，共同构成了国际货币体系的演变史。

之所以如此，是因为任何时代的任何一种国际货币体系安排，都具有网络外部性，从而使其具有公共产品特性。这里的外部性，不仅仅是正效用，也有破坏性的负效用。无论是正效用的维护与扩展，还是对负效用的抑制，进而确保这一公共机制的健康性，都不是单纯依靠市场力量所能做到的，特定国家政府以及国际政治协调自始至终都与市场力量并肩作战。

既然具有公共产品特性，国际货币体系安排中的搭便车行为就难以避免。国际货币制度向来是那些不同时代里主要经济体的政治意愿及其相互协商的结果，当然含有市场力量的约束。那些非核心经济体，作为外围力量不仅缺少话语权，也没有动力和激励付出代价去推动国际货币体系的建设与改进，他们只能也乐于搭便车，形成"跟随—领导者"的机制与景象。

这是否意味着那些核心经济体可以仅凭自身利益最大化而随意改变国际货币体系的安排呢？当然不是！这里除了受到市场约束外，国际货币体系还具有路径依赖特性。任何一种特定的国际货币制度安排都具有长远影响，即便是其势微与退出也是渐近的。这提醒那些赶超旧势力并终于占据了核心地位的经济体，对此尤其注意，并保持清醒的头脑。对于跃升为核心地位者而言，时代是变了，但旧时代的国际货币体系依然制约着你的选择。国际货币制度是内生于历史的，任何想超越历史的念头都不可行，也是于人于己有害的。

现实是，国际货币体系一直处于渐近的演变之中。每次演变，都反映了市场（主要是贸易、投资及其随之而行的资本流动）和政治环境条件的双重变化。

就近现代不到 300 年的时间（如果从 18 世纪中期算起的话）看，国际货币体系经历了复本位、金本位、金本位解体、金本位重建、布雷顿森林体系、后布雷顿森林体系时代。实际上，所有这些演变可简化为两个阶段：维持主要货币与贵金属尤其是黄金平价的可兑换性时代，以及不可兑换的纯粹纸币时代，也就是，贵金属的货币化阶段与去货币化阶段。

1914 年第一次世界大战爆发之前，包括整个 19 世纪甚至 18 世纪下半叶，都可以说是英国主导世界的时代。作为第一大经济体的货币，英镑无疑是那个时代国际货币体系的核心与锚。

尽管1717年英国就开始采取了金本位，但在19世纪70年代之前，国际货币事务的基础并不统一，复本位（如法国）、银本位（瑞典、英国、中国等）、金本位共同存在。只是，到了19世纪70年代，随着英国主导世界力量的逐步积累与增强，其商品和资本输出相互追逐相互促进，伦敦成为全球金融中心，在贷出货币的同时也聚集着全球金融资产。为了便于从伦敦借到资本进行投资，并能与英国顺利进行贸易，保持国际储备的稳定，主要经济体纷纷跟随英镑，转为金本位，才使国际货币体系的金本位基础得以确立。

的确像大卫·休谟的"物价—黄金流动模型"所揭示的，国际金本位具有自动调节力量，以维护汇率机制的稳定。对特定国家而言，无论通胀还是通缩，引起的相对价格变化只要触及黄金的输出输入点，都会导致黄金的国际流动，从而有助于恢复黄金平价，维持货币的可兑换性。

这看似完全是市场的自发力量，实际上，仍然有着政治条件的保障。在大资本（集中型的大生产商与贸易实体）把持政治的时代，分散型利益者（如农民、工人和消费者）的声音缺乏政治上的发出机制

（工会和工党尚未成势），不仅使工资与价格具有较大弹性，也使主要经济体政府可以放心地将其货币政策目标放在维持货币与黄金的可兑换性上，确保黄金平价进而汇率的稳定，特别是，中央银行可以免受经济增长与充分就业目标追求的压力，这才使得各国政府及其中央银行维持货币稳定的承诺是可信的。尽管那时的国际资本流动已经比较活跃，但货币政策目标的唯一性与可信性，恰恰使这种活跃的资本流动成为快速抹平货币振动的力量，极少成为攻击性的"扰动"因素。

即使如此，金本位时代的国际货币体系也不时面临着各种干扰，甚至时有危机发生。但是，这一体系安排仍然延续了不短的时间。原因之一，就是国际政治协调与合作的支撑。每当特定国家的黄金平价受到攻击而发生货币危机时，基本都有来自他国储备帮助的身影。离开了各国中央银行（那时的中央银行基本是私人性质的）与政府间的精诚合作，以及相互间的国际合作，国际金本位体系是不可能得以生存与运行的。

但是，进入20世纪后，各主要国家的政治格局发生了变化。代表底层劳动者的政党兴起，工会影响力增强，劳动力市场的灵活性进而工资弹性下降，充分就业和经济增长前所未有地成为各国政府的首要政策目标，黄金平价的维护进而货币稳定性不再被视为具有"单一优先权"。一旦经济放缓，下调贴现率进而货币贬值的压力，便是各国中央银行和政府难以抵挡的。特别是，在经历了"大萧条"的打击后，货币政策变得日益政治化了。

世纪之交的美国，已然超过英国成为第一大经济体，在极大地削弱了英国那种商品与资本输出相互补充相互促进的基础后，成为领导者的美国却尚未使其海外金融与商业机制有效地搭配起来，从而使其在货币体系中发挥出有效的引领作用。加之，各国之间的政治军事对抗不断升级，国际货币合作的基础终于被第一次世界大战彻底摧毁了。

随着维持国际货币体系金本位基础的市场与政治条件的消失，国际金本位的终结，汇率进入浮动时代，也就不可避免了。至于两次世界大战期间试图恢复金本位的国际货币重建，也只是昙花一现。1926年确实有39个国家勉强恢复了金本位，但到1931年9月英镑就受到攻击而大幅贬值30%多，次年初27个国家放弃本币与黄金的可兑换性为止，仅仅5年，国际金本位彻底成为了历史。即便这短短的5年里，也不是战前那种可值得信赖的金本位制度了，各国各自为政而毫无国际合作和计划可言。

然而,路径依赖的特性,致使美国在主导建立"二战"之后的国际货币体系时,仍然摆脱不了金本位的影子。所谓布雷顿森林体系,实则还是以确保黄金平价与可兑换为基础的,因而被称为钉住汇率制。只不过,设计者赋予了这一体系一套三位一体的保障机制:钉住汇率可调整(原则上在1%~10%之间),允许资本管制,创立国际货币基金组织(IMF)对各国政策实施监督并对风险国家提供融资。

这套保障机制的协调运行,依赖于非常广泛而持续的国际合作。无可否认,布雷顿森林体系的建立和初期运行,的确也是广泛国际合作的结晶,这也确保了汇率机制的稳定,促进了战后重建和繁荣。但是,令美国事前没有想到的是,一旦欧洲和日本经过战后重建而快速增长后,对维护布雷顿森林体系至关重要的国际合作热情也就下降了,欧洲与日本的合作越来越有限。

基于上述不同于第一次世界大战之前国际金本位环境的各种因素,尤其是货币政策决策政治化的影响,无论是对美国维持美元与黄金兑换平价的承诺,还是各国维持与美元汇价的承诺,都不再具有可信性,钉住汇率的可调整性也就变得不可信、不可行。

日益增长的欧洲与日本,与美国争夺国际市场,相互竞争性的加强,使得无论是美国还是欧洲或日本,都不愿高估币值,贬值的压力日渐加大。战后的繁荣原本就使得国际资本流动变得活跃起来,加之对各国当局维持币值与汇率稳定承诺的不可信,各类投机性"扰动"资本也就在国际金融市场不断发展的裹挟下快速兴奋起来,更不用说自1959年经常账户放开后,国际资本流动也就变得越来越难以管制。

至于IMF,任何希望这一机构能起到设计者预想的作用,都是十分天真的。成立后,便陷入了尴尬的境地,一直到现在也没有改观。IMF既缺乏资源对危机国家提供足够的融资,也没有手段和威信监督各国当局对货币政策的调整,而欧美的把持者又不情愿释放投票权,致使吸收新兴力量予以改革的步伐停滞不前。

如此,设计者设想的那套三位一体的保障机制,既不协调,也根本起不到作用。在欧洲与日本的合作越来越有限的情况下,美国人也失去了热情,布雷顿森林体系寿终正寝也就在所难免。不过,这一体系存在了20多年,也算是奇迹了。这除了国际合作的支撑外,路径依赖也是一个重要因素。

20世纪的最后近30年,国际货币体系进入了没有贵金属作为锚链的纯粹纸币本位时代，自由浮动是其典型特征。这在国际资本流动越来越自由化的情况下，保障了各国货币政策的相对独立性。纸质化的美元成为国际货币体系的唯一锚链。那些企求汇率稳定的经济体，要么实施资本管制，要么放弃货币政策的独立性而被迫深受美国经济周期的影响。

那些难以有效管制资本流动的发达经济体，特别是欧洲与日本，为了维护自身货币政策的独立性，要么另辟蹊径，要么屈服于美国的压力而升值本币。其中，欧洲从经济共同体，到欧洲支付同盟、蛇形汇率机制，再到欧洲货币体系，以至单一货币欧元，都是寻求区域内汇率稳定并对抗美国政策的探索。

进入21世纪，形势不仅没有变得清晰起来，反而更加复杂。

一方面，尽管美国仍然是第一大经济体，但如同上世纪之交的英国，其对海外商品与资本输出的互补性下降了，两者交互促进的鼎盛时代已然过去。产业的空心化，致使美国的金融资产输出过于庞大和畸形，在这一基础上依赖融资的过度消费，被2008年的经济危机证实为不可持续。

另一方面，国内政治的对立，尤其是围绕财政整顿的僵持不下，以及政党竞争的激烈化，致使美国货币政策几乎完全从国内经济与政治形势的需要出发，将维持美元币值和国际货币体系稳定的职责，不是丢进了大西洋，就是丢进了太平洋。1980年到现在的35年里，美元指数从20世纪80年代初的最高点150.23，下降到2008年的最低点70.69，美元累计贬值53%，贬去一半还多。不管是最高点还是最低点，无不是出于国内政策目标需要而调整的结果。150.23的最高点是80年代初美联储为了抑制国内两位数通胀而一再大幅度提高利率的结果，70.69的最低点是联储为了刺激国内景气而连续下调利率使然。美国越来越难以作为国际货体系这一公共产品的公正提供者。企图主要依靠美国来确保国际货币体系的稳定性，同样是天真的。

更值得注意的是，在欧元面世不到10年就陷入不稳定性危机的同时，以中国为首的新兴市场力量迅速崛起。尤其是中国，在快速积累起巨额外汇储备后，人民币进入了国际货币体系协调的视野。中国再也无法以搭便车的身份和视角而旁观国际货币体系的演变了。

今后会向何处去？相比于20世纪初，更显得扑朔迷离。但无论如何，一个稳定的国际货币体体系仍然是维持全球经济可持续发展的重要保障。这意味着，国际协调与合作显得比历史上任何一个时代都要来得必要和紧迫。目前，有新兴力量参与的各种多边协商合作机制，能否在基于市场力量的基础上，为世界提供一个有益的国际货币体系安排，恐怕仍然是对人类政治智慧的一个考验。

（写于2014年12月21日，以《国际货币体系的明天云遮雾障》为题发表于2014年12月26日的《上海证券报》专栏版）

# 布雷顿森林体系的蜕变
# 及其历史效应

人们一般将尼克松关闭美元黄金兑换窗口视为布雷顿森林体系的崩溃。这不能说不正确。但这只是作为该体系核心的金汇兑本位制的终止，整个体系的网络形式和机构继续得以保留，并一直运行到现在。

全球经济金融甚至政治秩序仍然处于布雷顿森林体系之中。有人以此称之为"布雷顿森林体系Ⅱ"，显示与 1944~1971 年间情形的区别。这也未尝不可。但就以美国财政部为中心，居于主导货币地位的美元，由国际货币基金组织（IMF）与世界银行构成的两个政策实施抓手，所形成的整套机制在 1971 年之后照常运作并影响着全球经济金融秩序看，并未发生什么实质性变化。反而因美元脱离了黄金的束缚，这套体系被美国政府把控和运用得更加自如自主。

只要 IMF 与世行还能够聚集一部分资源，世界某些地区对这些资源还存在需求，就足以使美国财政部的决策具有全球效应，或者像有学者所称的"美国财政部的国际化"。① 美国在这两家机构均拥有一票否决权，就是其绝对主导的明证。

最先出自凯恩斯之手的布雷顿森林体系设想，若只从凯恩斯一贯的理论观点与政策主张看，很难理解从一开始就将美元与黄金挂钩。凯恩斯最希望摆脱金本位，甚至将黄金诅咒为"野蛮时代的遗物"。这或许是凯恩斯深邃的目光里已经洞察到，若不给美元带上一个笼套，美元必然会成为美国政府借助国际货币体系框架而肆意操纵与把玩的利器。这件利器伤人也伤己。所以，尽管不情愿，但还是将布雷顿森林体系置于金汇兑本位制基础之上。甚至，凯恩斯当时所设计的国际货币"班柯（Bancor）"，也是以黄金为基础而定义的计价单位。

当然，作为当时最大的出口国，美国为了进一步打通其商品行销全球的市场渠道，确保出口收入与盈利的可预期性，也希望建立一个以黄金为核心定价基

---

① 瓦西里斯·福斯卡斯、比伦特·格卡伊：《美国的衰落》，新华出版社 2013 年版，第 82 页。

准的国际货币体系，以使汇率结构相对清晰稳定。

即便如此，在 1950～1970 年的所谓"资本主义黄金时代"，布雷顿森林体系的运作也并不十分顺畅。特别是到 20 世纪 60 年代末期，围绕国际收支赤字、黄金美元外流、美元平价等问题，美国与快速增长且不断积累盈余的法国、德国、日本等国家间的分歧和矛盾越来越突出。

尼克松及其顾问们，以为通过停止美元可兑换性，彻底摆脱黄金，不仅可以一劳永逸地解决困扰前几届政府的问题，还能够借助 IMF 和世界银行的全球性机制，利用大幅贬值的美元，来消除国际收支赤字，再企求随着国际收支改善而逐渐恢复美元币值，以巩固其全球本位货币地位。但这只是逻辑而不是现实。从 20 世纪 70 年代至今，美元一直处于趋势性贬值之中，美国对外贸易赤字连同其财政赤字不仅没有消失反而不断扩大，靠充斥全球的过剩美元的回流来为其"双赤字"和私人债务融资。

40 多年里，美国吹起了一个超级"纸币泡沫"。经济也在这一泡沫里走向过度金融化和消费化。美国相当部分政治观念、政策战略和军事运行也是以此泡沫为支撑的。但这是脆弱而难以长久持续的。美国能否避免其前辈大英帝国的老路，现在还看不出一个肯定的答案。

至少有一点不同于19世纪末到20世纪30年代大萧条时期的英国，那就是，美国现在手里握有世界货币印钞机并支配着IMF与世界银行。只是，肆意印刷美元纸币，是一个损人一百自损八十的手段。IMF与世界银行也面临着外部与内部的双重压力。

一方面，美国通过IMF与世界银行，在20世纪70年代、80年代、90年代先后于拉丁美洲、东南亚、中东欧地区，实施了附着一定条件的"发展政策"，在使其门户开放、市场自由化、经济金融化的过程中，也借以使这些地区的市场美元化。但是，随之而来的"拉美危机"、"东南亚金融危机"和中东欧"休克疗法"的失败，致使这套布雷顿森林体系机制尤其是IMF与世界银行的信誉受到很大影响，相关经济体不再那么信任与依赖这些机构。

另一方面，2008年源自美欧的货币金融危机，特别是迄今仍深陷泥沼而不能自拔的欧洲，当然希望IMF出大力救助。但是，过去5年多里IMF的表现及其效果，远不能满足欧元区之需。欧盟已不再将主要希望寄托于这一组织。相比于越来越大的危机，就像这次欧元区的危机规模与需要，IMF积聚的资源远不具备人们所期望的足够能量。由欧洲人一直担任总裁的IMF

不是没有努力去寻求壮大途径，比如，想通过增加新兴经济体的基金份额而大规模增资，却被美国一票否决而难以成行。这使得 IMF 无论在发展中地区，还是在其把控者的欧美核心地带，均变得日渐尴尬。

更值得注意的是，60 多年过去了，无论是世界银行还是 IMF，在内部治理结构、决策程序、运营模式、组织架构、业务方向与操作方式、人员配备与结构、工作效率等诸多方面，日益庞大、臃肿、复杂、官僚、烦琐、低效，甚至积重难返，财务的可持续性令人担忧。这无疑与该套机制最初设计者的初衷渐行渐远，不断影响着其功能作用的充分发挥。

基于以上情况，过去几十年间，伴随地缘政治的缓和与区域经济合作的不断开展，区域性开发金融机构和合作基金陆续涌现。到目前为止，各大洲的主要经济区域，基本都建立了各自的多边开发金融机构，有些地区还不止一家。这既是对布雷顿森林体系机构的补充，也是一种效能敦促，以便更好、更灵活、更有效地满足不同区域的各种发展需要。

仅从过度金融化这一点看，美国似乎很难避免不走大英帝国的老路。法国已故著名经济史学家布罗代尔，将资本划分为商业资本、工业资本与金融资本，并将金融资本视作"圣灵"，是随着商业资本与工业资本不断积累而发达雄厚起来的。有着马克思主义倾向的法希亭，将金融资本视为银行与工业资本的"融合与互动"。有的学者，又将法希亭定义的金融资本与"金融性资本"加以区别，用后者来指称着眼于"钱生钱"而主要呈现投机性特征的货币资本。布罗代尔与法希亭均是以欧洲大陆的资本与经济变迁史为背景来定义与理解金融资本的，都未涉及"金融性资本"，但其确实存在，尤其是在英美经济体中还不断壮大。如果脱离商业与工业资本的"金融性资本"过于庞杂，甚至处于支配地位，就会带来美国经济学者明斯基强调的"金融市场不稳定性"，"明斯基时刻"的危机也就一而再地发生，不断侵蚀着经济根基，这正是过度金融化的必然结果。

如若历史是一再重复的，美国基于相似原因并以相似的方式走上英国的老路，那么，追赶美国的后来者是否也将接过同样器具装备而沿着那条老路前行呢？能否吸收前几次重大历史变迁中几乎重复显示的经验教训呢？其中，包括能否对上述布雷顿森林体系机制有所改进甚至予以突破呢？这取决于后来者的历史认知与政治智慧。

（写于2015年2月8日，以《布雷顿森林体系蜕变的历史效应》为题发表于2015年5月22日的《上海证券报》专栏版）

# 美元能否被替代

## ——水到渠成还是急躁冒进：一个有关货币的话题

"至于可能替代美元的新的国际货币，如果说这将发生在不久的将来，我觉得不可能做出准确预测——是出现像巴奇赫特在 125 年前所预言的大同货币，还是继续像布雷顿森林体系方式的合作，抑或是欧洲复兴，找回 20 世纪前的 300 年的显赫。最保险的预测是，将会有另一个过渡期，就像世界大战间隙时期那样，过渡期后一个新的大陆或国家就会崛起，获得领导地位。混沌论和进化论都认为变化是不可预测的。也许会出现混乱。我们满可以希望不会发生为争夺支配权的大规模战争；战争的代价要远大于战利品。危机总难免，惊奇常会出现。"[1]

---

[1] 查尔斯·金德尔伯格：《西欧金融史（第二版）》中译本，中国金融出版社 2010 年版，第 494 页。

这是查尔斯·金德尔伯格（Charles P. Kindleberger）在其学术著作《西欧金融史》（A Financial History of Western Europe）的最后一段话。这本书出版于1984年，初稿早在1982年写就。金德尔伯格考察了自1492年起始的近500年西欧金融发展史后，作为总结的最后一章，被冠以"世界金融体系中的欧洲"。

每次翻阅这本鸿篇巨著，我都有新的收获。站在2016年的开年伊始（全球股市下滑，经济不振，尤其中国经济增速下降，股市大幅下跌，人民币对美元汇价剧烈震荡，举世瞩目），细细品味30多年前金德尔伯格的上述结束语，你会惊叹于历史学家的智慧。

如果说有什么是最能够启迪智慧的，那就是历史了。尽管将来并不等于过去，但历史最能够昭示未来。这意味着，当代主流经济学的数理计量分析范式有一定的适用性，因为这一范式恰恰建立在"过去等于将来"的假设之上。不管如何，有一点可以大致肯定：如果没有深厚的历史意识，也就不可能有着足够的前瞻意识。

的确，尚未出现替代美元的新的国际货币。至少从金德尔伯格于1984年做出判断到今天为止，这是事实。无论是作为国际范围的计价单位，还是贸易往来中的交换媒介、结算货币以及储备单位，美元的地位仍然独大而稳固。起码的研判是，只要美国还是全球最大最强经济体，美元的国际地位就是主导性的。

就国际货币地位是由经济实力予以保障这一点而言，早在500年前荷兰雄霸世界，继而英国，再而是1971年之前的美国，就一直如此。这几百年间还是金本位或者金汇兑本位等由贵金属支撑的货币时代。现如今，完全是脱离了贵金属锚链的纯粹纸质信用货币时代，某种货币的国际地位就更是依赖于其发行国的经济实力了。

问题是，当美国一旦不再是最大最强经济体之后，美元还能主导国际货币吗？按上述逻辑，显然不能！至少也是美元让出相当部分地盘，与其他货币共同担当国际货币职责的格局。

同样的问题是，是否一旦成为最大经济体，其货币就立即或很快替代美元而成为主导性国际货币呢？也不尽然！这还要看是否有能力保障资本顺畅流动、提供世界性公开市场，以及能否担负起全球最后贷款人的职责。虽说在可预期的未来，美国有可能不再是最大经济体，但作为替代者，未必在其他必需的方面能够同步赶超美国。所以，几种主要货币共享共担国际货币职责的局面，不仅是可期的，而且会持续相当长一段历史时期。

有意思的是，金德尔伯格不仅在 1984 年，而且于 1993 年（即其《西欧金融史》第二版出版之际），在指出美元地位自 70 年代开始下降，并谈论到是德国，还是日本，抑或即将出现的欧洲共同体货币单位，以及 IMF 的 SDR，是否会替代美元时，他都支持甚至得出结论说，所有这些情形的可能性极低。但他一再肯定那种有关美国与美元地位下降不可避免的观点，并多次写道："直至一个没有预料到的国家崛起，取得经济和金融的领导地位。"关于后起者，他总就德国和日本以及欧共体，讨论来讨论去，反复揣摩这几个经济体的种种可能性，却通篇没有提到中国。更没有想到他那个"没有预料到的国家"，现在看起来，很可能是中国。真可谓"没有预料到"！

相比 30 多年前，目前应当说是处于金德尔伯格的"另一个过渡期"的序幕阶段。"过渡期"的大幕已经拉开。面世仅仅 16 年的欧元，在国际贸易支付、离岸全球债券计价、国际银行间债务计价、各国央行外汇储备中的份额已经分别达到了 27%、41%、30% 和 23%，抢占了原属美元的一部分地盘，致使美元在上述领域中的份额分别降至 45%、40%、50% 和 62%。

但这仅仅是开始。可以预计，这个"过渡期"会相当长。金德尔伯格关于"不会发生为争夺支配权的大规模战争"的希望，若真能实现的话，这在更高的概率上依赖于较长的"过渡期"，起码也要长于20世纪那两次"世界大战间隙时期"（如果从1914年第一次世界大战爆发算起，到1946年IMF和世界银行正式成立，亦即布雷顿森林体系正式运行为止的话，前后共计32年）。"领导地位"的和平交接，往往更容易在此消彼长的缓慢渐进适应过程中得以实现。如果真能如此，实属这个星球上人类的福音。依此而言，我们宁愿需要一个更长些的"过渡期"。

尽管欧元在国际货币体系中的地位已经仅次于美国，似乎对美元构成了第一挑战，但欧元很难是那个"美元的替代者"。1999年面世的欧元，是凌驾于成员国主权之上的超主权货币，是巴奇赫特预想的"大同货币"的欧洲版（还只是部分欧洲国家）。出世16年以来的一半多时间里，欧元都是相当困难的，不止一次地陷于解体边缘。欧元仍然处在自保阶段，根本谈不上对美元构成像样的挑战。更为重要的是，伴随着诸如老龄化等人口结构问题的日益严重化，以及劳动生产率滞缓等多种问题，欧元区经济总量很难对美国构成威胁，与中国的差距也在日渐拉大。这从根本上决定了欧元虽是一个有力竞争者，但不会是那个

"替代者"。

何以如此？最主要的原因，在于当今货币无一不是完全纸质的纯粹信用货币，已没有了任何贵金属的支撑和约束。这种特性的所谓法定货币的稳定性，以及在国际上的认可度，基本是由其发行经济体的综合实力所决定，尤其是经济实力。很难想象，哪种不是头号强国的货币能在相当长历史时期内一直主导国际货币体系。

以此视角看，人民币还远未达到主导国际货币体系的程度。最新数据显示，人民币在国际贸易支付、全球离岸债券计价、各国央行外汇储备中的份额分别仅为3%、0.5%、0.6%~1%，国际银行间债务以人民币计价的金额仅仅1 880亿元（292亿美元），远不能与其他主要货币相比。但不容忽视的是，人民币在上述领域使用的扩展速度是很快的，特别是，中国在经济总量上已然是第二大经济体，这无疑是对美元国际地位的一个巨大潜在挑战。

当然，在我看到的任何一种有关人民币何时甚至是否能够成为"美元替代者"的预测，我都难以认为是可信的。目前，几乎无法断定人民币国际化的清晰路径。对此，正如金德尔伯格所言，"不可能做出准确预测"。

但有一点是可以肯定的,如果过去一段时期的迹象能够大体保持稳定,人民币将是美元的一个潜在有力竞争者。如要继续保持并逐步提升这一竞争位势,最为根本的是需要中国仍然一如既往地埋头发展,踏踏实实地通过不断适时有效转换增长方式和各种必需的改革,推进自己的发展进程,稳固发展潜力,增强综合实力,这是最为实质的支撑力和话语权所在。任何一种为人民币国际化而国际化的过早过多的努力和资源投入,甚至裹挟在一种货币国际化的急躁冒进的浮夸聒噪之中,都是值得高度警惕的。

如果没有一种水到渠成的耐心与耐力,那将是危险的,尤其对于当代货币的国际化进程来说,更是如此。

要知道,日本在经济总量上亦曾在不短的时间内一度逼近美国,但其有识之士仍能够冷静地对待日元的国际化问题:早在 1986 年,后来成为东京银行行长的一位日本重要官员就做出判断:"东京将成为主要使用本国货币的国际市场,并将分担起美元所起的部分作用。"但他同时提醒到:

"如果历史会重演,目前美国对外负债的迅速积累将削弱其主要货币国家的地位,而日本和联邦德国无疑将走入前台。但是,历史的演进较此复杂。日本没有成为主要货币国家的潜力和意图。我想德国也如此。"①

此乃前车之鉴也!

(写于 2016 年 1 月 30 日,以《国际货币的"另一个过渡期"》为题发表于 2016 年 2 月 24 日的《上海证券报》专栏版)

---

① 查尔斯·金德尔伯格:《西欧金融史(第二版)》中译本,中国金融出版社 2010 年版,第 492 页。

# 货币金融系统：反次为主的可持续性问题

人们总是倾向于用增量抹平存量的伤痛与问题，而不愿正视更不愿直接解决存量的症结。这一倾向典型地体现在全球经济生活与政策选择上。

一遇经济困难，更不用说危机，高举货币水龙头印钞放水，几乎成了下意识的当然选择。这是一个暂时缓解经济阵痛并且没有什么政治阻力的行为。这得益于货币发行再也不受任何客观约束。但这是在饮鸩止渴。

货币的完全纸质化，放飞了货币发行与信用创造，铸就了金融市场规模与复杂性的无限扩大。这的确方便了实体经济的融资与财务头寸管理，却也放大甚至扭曲了实体经济的供求及其影响。

原本只是以备不时之用的轻便水囊，越来越成为比机体还要沉重的庞大水袋，所存水量远远超过正常需要，相当一部分精力与资源被用来维护这个越来越膨胀的袋子，将人拖累得日渐迷了失了方向，削减了行动能力。这可真是本末倒置。

看看各主要经济体 M2 与 GDP 的对比，有多少所谓"结构改革"被切实执行，正在上演的石油价格暴跌幅度与真实供求变化程度之间的比较情况，以及全球范围内货币金融系统集中的人财物，你将很难否认上述观点。这还不算规模庞大而复杂的货币金融市场时不时地导致的亏损、混乱、危机，所形成的经济、政治与社会的巨大损害。

问题是，经济学也在这条不良的轨道上推波助澜，为货币金融产品的一味复杂与规模扩张，寻求各种学术渊源和支持。所谓金融工程学，更是将经济学加速推入到了自然科学时代，没有了思想的火花、积累与传递，只是将数学演算逻辑等同于现实生活，却忘记了凯恩斯在 1935 年的劝告："人类影响未来的决定……不能依赖精确的数学，因为进行这种计算的基础并不存在。"经济学者甚至比实际决策者还要倾向于动不动就印钞放水。当今世界大大小小的货币金融混乱事件与重大政策失误，总少不了那些从大学课堂上就开始满脑袋数学计量模型的自以为是者，他们没有成为教授们期望的创造者，而是变成了肇事者。

更成问题的是，货币金融市场规模的一再扩张，致使由其引致的系统性风险呈指数式增长。一旦系统遇到阻塞和运转不灵的问题，所需货币流动性投入也呈指数式增长。伴随货币金融市场复杂性程度的不断提高，货币金融经济之间的关联性也到了无以复加的地步。这意味着，不用很大的事件，一个不起眼的因素就会引发看似不可能的系统性风险坍塌。

几乎所有大宗商品交易都被金融化了，真实的供求因素被放大了，价格波动性也被极度膨胀。石油价格从近150美元在不到一年的时间里跌到2008年的40美元以下；然后又涨到100美元以上，现在又跌回不到50美元；仅仅过去的半年里就跌去50%。这固然有实体经济真实供求变化所致（即使考虑了地缘政治因素），但其影响不至于如此快速而剧烈。完全金融化的石油衍生品交易无疑放大了油价波动，无论是上涨还是下跌幅度的相当部分纯粹是金融化的虚假成分，这严重扰乱了实体经济的平稳运行，扭曲了资源配置。石油衍生品的所谓价格发现与风险管理功能，只是囿于金融化交易市场的范围之内，仅仅成了一种投机性炒作的题材，对实体经济不仅没有起到教科书上定义的功能，反而扰乱了价格信号，聚集了金融、经济与地缘政治风险。

纸质美元在当今世界贸易中的地位是美国在国际贸易中地位的近4倍，这使得美元成了全球主导货币，但也使美元的紊乱不仅对美国经济贸易产生影响，也会损害全球贸易。还意味着，仅仅从满足全球贸易顺畅运转之需的角度看，美联储就得提供高于本身需要近4倍的货币量。这既是一项权力，更是一项公共产品的提供义务。问题是，随着全球经济政治格局的变化，美国还有多少耐心和意愿来承担这一义务。这还没有考虑比世界贸易不知庞大多少倍的以美元计价并结算的全球货币金融交易之需。这对经济实力相对开始有所衰落的美国，越来越是一种负担。这一负担，助长了在遇到困难时美国只是机械地实施印钞放水，这是最简单也是最不负责任的。

尽管在相当一部分美国人看来供应全球流动性也许越来越是一种负担，却也被其他国家和国际机构看作是一项诱人的权力，从而极力想拥有。国际货币基金组织（IMF）就是其中之一。

IMF自建立起就一直处于尴尬境地，始终没有被其发起成员国所重视。IMF要求成员国在做出有关货币及其汇率重大调整变动时，至少提前48小时通知

IMF 并得到其批准。1971 年 8 月 15 日，尼克松关闭黄金窗口停止美元可兑换性这一 IMF 得以成立并存在的最核心基础时，根本就没有通知 IMF，更谈不上征得其同意了。1969 年为应对英镑与美元危机而创建的尚有一定含金量的"特别提款权（SDR）"，1973 年之后就完全纸质化了，到 1981 年共计发行了 338 亿美元（按 2011 年的汇率算），此后一直到 2009 年就没有再发行过。

然而，2008 年的危机和全球联合应对行动，似乎给了 IMF 摆脱尴尬局面而意欲大显身手的难得机会，IMF 成了 20 国集团（G20）框架内的一个可用工具。IMF 趁机在 2012 年 1 月宣布增资 5 000 亿～6 000 亿美元，发行相当于 2 890 亿美元的 SDR，试图将其可支配资金扩大到 1 万亿美元。打着补充流动性的旗号，IMF 堂而皇之地加入了全球印发纸币的大军中。滥发纸币又多了一个多边性源头。

其实，IMF 的真实野心是想成为全球中央银行，接过美联储的权杖。如果真是这样，将给世界经济政治社会运行带来更高的成本甚至更大混乱。这比目前美元主导的世界还要糟糕。暂且不说美国是否甘心被替代，值得注意的是，有一股来自新兴市场的力量支持 IMF 的这一野心。然而，这并不是一个通过针对国

## 货币金融系统：反次为主的可持续性问题

际货币体系演变史和当代货币金融问题进行冷静认真全面研究后得出的明智想法。如果这一想法在 G20 框架内进一步扩散和强化，是令人担心的。

没有任何约束的完全纸质化货币，越来越快速膨胀到规模庞大且复杂的货币金融系统，日益成为一个严重的问题。明智而有益的观点与行动，是正本清源，将货币金融回归到从属并服务于实体经济的轨道上来。为此，应极大地简化货币金融机制，缩减这一系统的规模，找到重新对货币发行予以有效约束的灵活机制。经济学及其派生的货币金融学也应当反思学科总旨与理念，从自然科学式的数理推演与计量沉湎中摆脱出来，回归经济学的社会科学本质，不应再给货币的随意性、金融市场无限膨胀的规模和复杂性提供借口。

当然，要让这个世界的大多数人认可这一点，尤其是那些政界与商界精英主动去逐渐实施，简直就是天方夜谭，几乎不可能。那就只好等待这滚雪球式的风险积累到巨大灾难式危机爆发，来迫使人类站在废墟上被动反思后再去选择吧。

（写于 2015 年 1 月 28 日）

# 从货币锚看国际货币体系秩序

什么是当代货币的锚？还没看到哪个经济学家给出令人信服的答案。

货币一定要有个锚吗？锚，是经济学上的借语。正像船舶，如果没有锚，就难以停靠港湾，只能四处漂泊而剧烈震荡。除非人们不希望币值相对稳定，否则，货币就需要锚链住。货币最好像锚住的船那样，能够在可承受的范围内浮动，又不被台风巨浪吹跑。

迄今大部分的人类历史里，贵金属价值被视作货币之锚。现在已是纯粹的纸币本位，货币完全摆脱了所有贵金属的束缚。

贵金属，尤其是黄金，在 20 世纪初，一直被凯恩斯诅咒为"野蛮时代的遗物"。自美国总统尼克松于 1971 年 8 月 15 日宣布停止美元与黄金的可兑换性后，货币便进入了异常"干净"的时代，就像暴风雪吹打并最终覆盖了的茫茫大地，只剩下单一的白色了。这是否意味着与"野蛮时代"一刀两断，而进入了一个崭新的"文明时代"呢？

有人说，物价是当今货币的锚。单凭中央银行依物价指数而频繁调整货币政策看，尤其不少中央银行还实施"通胀目标制"，情况似乎如此。但是，这实际上是循环论证。因为，物价仅是商品价值的货币体现。商品价格下降并不意味着货币一定少了或者币值上升了，因为很难分清是货币少了的原因还是实际购买需要下降了。反之，亦然。

若是实体经济的真实消费与投资需求减少了，再多的货币投放，也不可能提高价格水平。货币只是一个媒介而已。如同过去20年的日本或者2008年以来的美国情况，物价持续下降并低迷的同时，却是货币发行量的泛滥。

当然，过多的货币也没有"迷失"，而是流入资产市场吹泡沫了。这是否意味着可以将资产市场指数与物价指数一起作为锚，就能确保币值相对稳定呢？理论上或许具有可行性，但实践中还没有哪家中央银行能够同时协调好商品与资产市场的。

当今的任何一种纸币已然离不开主权国家的法律

和政治确保了。当然，你可能马上反驳说欧元就不是这样的。但看看运行了 10 年之后即陷入危机泥潭，至今仍然看不到根本转机的欧元，只能在消失与倒逼主权集中统一之中予以选择，你的反驳就不会那么有力了。如果像经济学家熊彼特所说的"创造货币就是创造信用！"，那么，纸币就完全是一种信用了。信用即信任。纸币也就是基于对特定主权政府及其政策承诺的信任了。如果说纸币还有锚，恐怕也就是这种信任了。

问题是，这种锚太脆弱了，以致难以起到锚链的作用。不同于金本位的是，主权政府确保币值稳定的承诺早已失去可信性。除了缺失那种由黄金流动引领的自动调节机制外，币值稳定性已不被作为"单一优先"的货币政策目标了，更谈不上是唯一目标了。如此状况，怎么会有足够的信任呢？没有了信任之后的货币创造，怎么是在创造信用呢？

各个主权政府都不将自己的纸币稳定性视为头等之事，怎么可能将国际货币体系稳定与否当作主要事务呢？维系汇率机制稳定性变得更加不可信。这助长了投机性"扰动"类资本在全球范围内的活跃程度，对某一货币的冲击，也约束了特定国家把控本币汇率的随意性和主动性。

但汇率机制稳定与否,直接涉及贸易与投资,进而各国政府关心的经济增长和就业情况,特别是,还关系到外汇储备的损益。所以,又没有哪个国家不将汇率和国际货币体系当作斗争工具的——不管是国际间的斗争还是转移国内政治斗争压力的出口。

这形成了一种颇具讽刺意味的景象:不将本国货币稳定性当回事,却指责他国也没将稳定货币当回事。人人都不扫门前雪,怎么会指望大街上干净清爽呢?相互指责,成了当代国际货币体系中的家常便饭。

如同各国纸币,国际货币体系同样没了可信的锚。作为如今主要国际计价、结算和储备货币的美元、欧元、日元,在承担全球公共产品的道路上越来越吃力。表面上看,美元显然是国际货币体系的锚。但美元已然也是没了真实锚的纸币。美元币值的浮动,几乎全部出于美国自身经济政治所需。至于美元作为国际储备货币(包括其他国际事务),有美国人宣称是"勉为其难",追求这一地位的热情并不像很多人想象的那么高[1]。对美元币值不稳定所造成的全

---

[1] [美]罗伯特·卡恩:《历史的回归和梦想的终结》,中译本,社会科学文献出版社 2013 年版。

球经济动荡，或者使一国经济过于受美国经济周期影响的埋怨，并不能引起多少美国人的关心。美国人日益倾向重复尼克松政府时的那位康那利财长的一句话："我们的货币，你们的问题。"

于是，有人拾起了凯恩斯在20世纪40年代的提议，将全球30种有代表性的商品作为定值基础创建国际货币单位"bancor"，并将这一建议，嫁接于国际货币基金组织，改造其"特别提款权"，用作国际储备货币，代替美元，超越特定主权政府政策的困扰。

且不说，哪30种商品是代表性的？代表性的标准又是什么？诸如此类的问题很难有个客观一致的明确界定。即便能够解决这一问题，也不管篮子里的商品有多少，是什么，然而如同主权纸币，这是在循环论证，照样难以确保超主权储备货币是适量的。更不用说，诸如特别提款权这样的超主权货币，缺失了主权货币所具有的特定国家法律的强制保障，而完全依赖于国际社会的广泛信任与合作。布雷顿森林体系的最主要教训恰恰是，国际合作是脆弱的，至少在维持某种特定国际货币秩序方面是脆弱的。

也许人有会说，可以通过强化国际货币基金组织的权威和监督来确保超主权储备货币的运行。

快别提国际货币基金组织（IMF）了！作为布雷

顿森林体系安排的一部分，IMF 一成立即陷入尴尬与失败。即使在布雷顿森林体系的鼎盛期间，各个成员国也没有将 IMF 当回事，何况布雷顿森林体系崩溃 40 多年后的今天呢。

《协定条款》第 4 款明确规定，各成员国调整汇率平价时，须提前 72 小时报告 IMF 并得到其允许，但作为创始成员国的英国在 1949 年 9 月 18 日决定贬值英镑汇价时，只是提前 24 小时通知了 IMF，到 1967 年 11 月 18 日再次将英镑贬值 17% 时，只提前 1 小时告诉了 IMF。可想而知，也就根本谈不上还需经过 IMF 批准了。

在各个主权国家政府深受国内政治约束，并使其货币财政政策决策日益政治化的今天，任何企图仰仗诸如 IMF 这样的国际组织来确保国际货币体系秩序的想法，都是天真的一厢情愿。且不说这些国际金融组织官僚习气浓厚，效率低下，功能与责任心下降，人员整体素质已被私人金融机构远远甩在后面。

恢复国际金本位体制呢？不是没有人在探讨与呼吁。尽管可以列举如此努力的很多理由，但只要明确正视一点，就足以对这一努力大泼冷水：黄金这一"野蛮时代的遗物"怎么能够制约得了当今越来越想通过"灵活掌握"货币政策和财政政策而实现不断膨胀的政治野心的各个主权国家政府呢？

哈耶克在生前的最后一部著作《货币的非国家化》中，竭尽全力大声呼喊货币的去国家化，追求完全由纯粹的市场力量来选择决定货币及其币值。哈耶克的这一想法，在贵金属本位时代都没有实现，就更不用说如今的纸币时代了。

在哈耶克的"世界大一同"梦想实现之前，货币的国家化进而政治化就是一种常态。在主权国家越来越难以对全球资本流动予以有效管制的情况下，为了确保货币政策的自主性，就只好放弃对货币汇率的控制。货币政策的政治化，致使汇率浮动并不完全是市场力量的反映，何况市场力量也不都是建设性的。

汇率机制已经不是一个主要政策目标了，而是变成了国内国际政治经济斗争的一个工具。今天的国际货币体系暂时仍由美元支撑着，但是，美国与非美国因素都在不断侵蚀着这一支撑。在人们还没有看到这一支撑的替代之前，国际货币体系步入了一个只能是更加不确定的时代。

（写于2014年12月28日，以《今天，我们还有可信的货币之锚吗？》为题发表于2015年2月6日的《上海证券报》专栏版）

# 贸易、金融与经济格局变化中的国际货币体系调整

特定的全球贸易格局，是决定国际货币体系安排的根本性经济力量，但不是唯一的。金融市场越来越成为影响国际货币体系秩序的主要支配力量之一。

历史显示，相对于贸易格局的较大变动，全球金融市场格局变化要滞后些。伴随美国在19世纪末20世纪初超过英国居于世界第一大经济体，国际贸易格局随之发生较大变化后，纽约并没有同时成为全球金融市场的领头羊，时至今日，也不能低估伦敦金融城的影响力。

这不仅因为，服务于贸易与非贸易需要的金融机制更加复杂；还因为，全球金融中心，连同其依赖的市场基础设施，具有在全球范围内的公共机制特色，

是长期逐步聚集积淀的结果，无法在短期内蹴就。这套机制一旦被大量使用，就会促成更大量的"羊群效应"式"蜂拥"加入，形成网络外部效应，成为一种自我强化的使用习惯而具有路径依赖特性，其被替代并不容易，更不是短期之内的事情。

这显示，贸易格局变化在先，金融中心格局变化在后。只有当后者完成变动替代之后，才会促成国际货币体系的重大调整，迎来一个新时代。

正因为全球金融中心机制与国际货币体系的公共特性，致使在赶超者跃居世界贸易与经济体系首位时，也仍有搭旧有公共机制便车的企图，而不愿付出代价承担起提供全球公共产品的责任。至于那些虽然增长迅速但仍未获取全球贸易与经济之首的经济体，更应该对此持谨慎态度。

"二战"之后的美国，无疑是执全球贸易经济政治军事之牛耳，第一大国第一强国的地位无人能撼。即便如此，看看美国在要不要维护布雷顿森林体系上是多么纠结与不情愿，就会发现那种认为发行国际货币是一种"过高特权"的观念，既没有经济学的有力支持，也没有现实政治实践的强力验证。

1944~1971年间的布雷顿森林体系，是以美国为全球货币体系守护者和公共产品提供者为保障的。

但是，期间的历任美国总统及其内阁无不为此大伤脑筋。对此，美国得克萨斯大学的弗郎西斯·加文教授在《黄金、美元与权力》一书中，给出了认真细致而又生动的描述与分析。尼克松的两任财政部长更是先后直白地道出了美国政府的真实想法。

先是那位有名而自负的康那利财长，1971年5月8日在慕尼黑公开宣布了美国在国际货币政策上的新单边主义精神，继而失去了与欧洲、日本协调的耐心，他直言道："外国人打算压榨我们。我们的任务就是先压榨他们。"[1] 更不用说他那句名言："货币是我们的，问题是你们的！"

继任者乔治·舒尔茨是货币主义领军者米尔顿·弗里德曼教出的学生，担任财长伊始，面对企求重建固定汇率机制的欧洲与日本，大声喊道：美国作为全球货币支付体系看护者的时代已经结束了，"圣诞老人已经死了。"[2]

由此，不难理解为什么在20世纪六七十年代日本、德国经济高速增长时期，尤其是日本在稳居全球

---

[1] ［美］弗郎西斯·加文：《黄金、美元与权力——国际货币体系的政治》，社会科学文献出版社2011年版，第247页。
[2] ［美］弗郎西斯·加文：《黄金、美元与权力——国际货币体系的政治》，社会科学文献出版社2011年版，第250页。

第二大经济体期间，对他们各自货币的国际化并不热衷，甚至是某种程度的抵制。

这两个国家很快从战后重建中恢复过来，并步入经济快速增长通道，在国际贸易中的地位仅次于美国。特别是从20世纪60年代末70年代初开始，德国和日本均对资本出入实施管制，对外国机构进入其本土金融市场进行限制，抵制其货币国际化和可能的升值，德国以此来抑制通胀压力，日本借此为其产业政策的实施拓展空间[①]。

没错，日元是迄今为止跻身全球主要储备货币进而成功成为国际货币的唯一亚洲国家货币。日元在全球储备货币中的份额，最高年份的1992年为15.5%，到2012年降为5.7%。但是，日本政府对日元国际化并不是很热情和积极。自20世纪60年代受到短期资本流入压力而被迫对外汇体制调整开始，一直断断续续缓慢而非情愿地向前走，直到90年代末才考虑并最后通过消除资本账户限制的实质性措施。即使如此，日本政府对外汇市场的干预，到现在也仍然是全球最突出者之一。这也就难怪90年代日

---

① ［美］巴里·艾肯格林：《资本全球化》，上海人民出版社2009年版，第227页。

本银行的研究员田口博雄在其学术论文中明确写道："最终，日元作为亚洲国家的名义货币锚而发挥更大的作用是一种趋势，从日本的角度来说，这种趋势既不应当被鼓励，也不应阻止。"①

德国和日本政府的这种谨慎态度与政策很难说不是明智的。既然还不是全球经济政治的火车头，那就不要去企求发挥火车头的作用。既然已经有国际货币体系公共产品的提供者，做一个跟随者、参与者，能够适当分担与自身实力相应的责任，与此同时，尽可能多地搭点便车，未尝不是聪明的做法。

当然，德国马克从1999年已被欧元替代，但欧元的灵魂仍然被马克的身影掌控着。马克无疑通过欧元彻底国际化了，这极大地助长了德国外交和政治影响力，但德国政府也被欧元危机拖进了泥潭。在是否出手救助那些陷入财政和银行危机的欧元区边缘国家事宜上，德国总理在国内反对声音与布鲁塞尔欧盟之间左右为难。

德国、日本对其货币国际化的谨慎乃至抵制态度，不仅仅是因为他们看到了自己的贸易经济实力仍

---

① 转引自罗伯特·米尼肯、刘健恒：《人民币的崛起》，中信出版社2013年版，第169页。

在美国之后，还在于他们清醒地意识到了自身金融市场的广度深度也远不及美国市场，甚至不及伦敦市场。因此，他们也就没有热衷于国际金融中心的目标，而是牢牢把握住自己擅长的实体产业竞争力。

即使是那些追求国际金融中心目标的国家，对其货币的国际化也是持慎重态度的。比如，新加坡政府虽然采取了一些措施推进其货币自由化，但还是在2000年12月重申新加坡元的非国际化立场。这值得后来者认真思考。

应当承认，国际货币体系安排的重大调整（更具体讲，某一特定货币的国际化），首先是一个由市场力量推进的自然选择过程，然后才是一个国际政治协调过程。后者只能基于前者才可起到应有作用。

就市场选择而言，大体上是先私人后官方。一种货币的国际化在私人领域的体现，先是用作计价（包括贸易、金融、大宗商品交易计价），再是作为兑换媒介的结算支付工具，然后才可能是价值储备的资产价值计量单位。

只有私人选择具备了足够规模与厚度，官方才有介入的必要和基础。官方根据本国私人对某一特定外国货币的选择使用情况，先是拿来作为外汇计价基础，再是用于国际收支融资干预与平衡，最后才可能用作外汇储备。因此，不能一讲特定货币的国际化，就认为直接是作为国际储备货币。当然，作为全球主要外汇储备货币，是特定货币国际化的最高阶段，也是最后的关键一步。这一步依赖于该货币能够用于国际贸易、金融、大宗商品交易计价、结算支付工具的长期积累，及其金融市场的配套。

全球范围内的确存在货币竞争。固然，这一竞争过程中的政治推动非常重要。但是，政治力量必须基于私人市场力量才可实现预期效果。这意味着，全球竞争中的赶超者对待其货币国际化事务，应有清醒的认识与足够的耐心，重点在积极争取参与协调并维护已有国际货币体系稳定性的同时，识别、抓住并不断积累可以利用的时机，才是慎重而精明的策略安排。

（写于2015年1月2日，以《德国和日本为何对货币国际化如此谨慎》为题发表于2015年1月23日的《上海证券报》专栏版）

# QE 式货币贬值政策将国际货币体系推入一个混乱时期

当今的货币,不仅成了一种无限自由的纸币,似乎也是一种万能的工具。没有了任何客观约束,更没有了主观束缚。

产生这一状况的认识前提,是将全部金融、经济、政治与社会问题归结为了货币问题。好像从货币问题入手,就能解决其他一切问题。于是,进入新世纪还没多久,疯狂的货币大戏就急切地在全球上演。

先是美联储实施了有史以来最大规模的货币投放。"量化宽松(QE)"为货币金融学增添了时髦的新术语。以研究大萧条而积累起学术声誉的柏南克,在成为美联储主席后,将他对 20 世纪 30 年代末及时扩大货币供给的痛恨,报复性地释放出来,并且不再

## QE式货币贬值政策将国际货币体系推入一个混乱时期

受制于黄金而几乎不受任何约束。

随后是日本央行和英国央行，现在是欧洲中央银行，先后接过了 QE 的水龙头。① 看来，在现行货币制度下，无论是谁担任主要经济体的央行行长，也无论这家央行是单一主权国家央行，还是区域货币共同体的央行，都无法抵御随意使用货币的诱惑或者压力。

但是，作为认识前提的这种问题归结并不正确，接下来的一切逻辑与行为也就错了。或许，现代市场经济世界里方方面面的问题，多多少少均体现在货币上，但货币并不是这一切的根源，更无法通过操纵货币来解决一切问题。货币并不是这个世界的牛鼻子。

即便是对货币功能倍加推崇的货币主义代表人物弗里德曼，也认为货币仅在有限的程度上起作用。虽然在经济学的逻辑链条与政策主张上，货币主义与凯恩斯主义是不同甚至相互排斥的，但全球精英受这两个主义的影响太深了。特别是经济一旦陷入恐慌、萧条和难以复苏的泥淖时，印钞与赤字无一不是决策者

---

① 2015 年 1 月 22 日，欧洲央行行长马里奥·德拉吉（Mario Draghi）宣布从 2015 年 3 月份起欧洲央行将每月购买 600 亿欧元的欧元区债券，可能持续至 2016 年底，这意味着届时欧元区经济将累计注入 1 万亿欧元的流动性。

们随手拿起的工具。然而，过于膨胀的政策即使不是未能解决真正的问题的根本，至少也是拖延甚至掩盖了相当一部分问题及其切实解决。经济学被扭曲与滥用了。

作为非学院派的分析人士，詹姆斯·里卡兹在《谁将主导世界货币》一书中，对主导当代主流经济思想的凯恩斯主义、货币主义与金融经济学的致命缺陷，进行了简洁而一针见血地梳理与概括。凯恩斯的乘数是虚假的，更多情况下不是大于1而是小于1，净影响是挤出效应。货币主义的方程式，忽视了货币流通速度（V）的不确定性脆弱性及其影响，高估了央行基础货币对整体货币扩张的功能，也就是高估了货币扩张传输机制的有效性。以市场有效理论与风险正态分布为基础的金融经济学，夸大了人们的理性程度与价格随机游走特性，错误地降低甚至排除了系统性极端风险事件的发生概率，以此为支持的风险计量（VAR，仅仅对净头寸而非买卖总头寸）只是刻舟求剑，掩饰了真实风险，助长了杠杆的扩大。但是，这些均被政治与商界精英们故意忽略了。

实际上，只有当初始财政赤字不大，债务水平不是很高，危机只是体现为流动性不足而不是偿付能力有问题，经济处于温和衰退而不是深度衰退的情况下，凯恩斯和货币主义的膨胀性政策工具才能够起到

## QE式货币贬值政策将国际货币体系推入一个混乱时期

积极作用。

然而当今经济世界的状况，却是各主要经济体的财政赤字已经很高，公共债务水平更是不断创出新高，作为全球主导货币的美元自1913年美联储成立以来已经贬值95%，2008年始于美国的金融危机是各类机构与消费者的偿付能力危机而不是流动性不足，过去5年内全球主要中央银行的资产负债表扩张了几倍。① 即使经济没有进入深度衰退，但是，在这种状况下实施所谓QE式的天量货币膨胀政策，不仅对短期经济复苏难度的缓解作用有限，反而掩盖了真正的问题，损害了金融经济的长期健康。

令人迷惑的是，2009年以来各主要经济体投放了巨额货币，为什么至今的结果不是人们担心的通胀而是通缩？正是通缩的忧虑，促成了各主要中央银行再行相继印钞或者推迟上调利率。如果仅从货币主义方程式 MV = PY 看，在真实经济增长率 Y 较低而 M 已很高的情况下，只能说明货币流通速度 V 不仅未上升反而下降了。V 是由消费者和投资者的消费与投资

---

① 美联储（Fed）自2008年12月起至其于2014年10月30日宣布结束月度购债计划止，一直维持近零利率，并通过三项资产购买计划，将资产负债表规模扩大了逾3倍，至4.4万亿美元。过去7年里，各央行共计发行了超过10万亿美元的货币。

意愿决定的，V 的下降意味着货币膨胀并未带来人们对前景的看好。

但这只是问题观察的一方面，因为货币主义方程式没有反映现代金融经济的全貌，只反映了实体经济而遗漏了日益加速膨胀的金融资产市场。历次扩张的货币供给的相当一部分，被滞留在了资产市场而自我循环与膨胀，并未进入实体经济，也就没有反映在货币主义方程式中。尤其是在经济不景气时，新增货币量的绝大部分被资产市场吸纳。这也是为什么资产市场特别欢迎 QE 的原因所在。问题是，规模过于庞大并越来越倾向于自娱自乐的金融资产市场，就像生物体上已经发生病变的肿瘤，供给生物体的大量食物并没有被那些健康的机体部分所主要吸收，而是提供给了恶性肿瘤，供给生物体的养分越多，越是助长肿瘤膨胀扩散并最终毁灭整个生物体。

从国际经济关系看，QE 是本币贬值策略，企求刺激出口。从这个角度讲，美联储的 QE 正是配合奥巴马 2010 年宣布的为期 5 年的"出口倍增计划"。[①]然而 5 年过去了，这一目标远未完成，2014 年的美

---

① 2011 年初 14.9 万亿美元的美国国内生产总值中，消费占到 71%，投资占 12%，政府支出占 20%，净出口占 -3%，所以，提升净出口自然成为当时美国政府非常重视的政策选择。

国出口额至多比 2009 年增长了不到 50%。

　　货币贬值对刺激出口的确有作用，但作用并不是想象得那么大，至少不是主要作用。美国连续多年的 QE，尤其是最初几年在使美元大幅贬值以便刺激其出口的同时，也在向世界输出通胀，曾经一度使中国的通胀率达到 6.5%。这自然引起了欧洲国家及日本等发达经济体与新兴经济体的强烈不满，至少在二十国集团（G20）范围内的国际政治协调随之而来，相互间妥协的结果之一是抑制了美元贬值的程度及其效果。

　　然而，QE 是对国际货币体系的破坏。作为这一政策的首创者，美联储的行为无异于自毁长城。QE 损害了对美元的信心，进一步动摇了其全球主导货币地位的根基。现在又是欧洲央行。欧元的历史原本就很短，作为主要国际货币的信心与地位尚处于被观察与考验之中。这次欧洲央行的 QE 选择，无疑进一步加重了已连续多年的主权债务危机对欧元的消极影响。

　　更成问题的是，美联储与欧洲央行的行为，起始并强化了一种不好的惯例，极有可能形成一种连锁式的不良示范效应。全球精英们越来越在经济学滥用的路途上执迷不悟或者明知故犯。无论是哪个经济体，只要面临金融经济政治压力，就会随手高擎 QE 式货币贬值大旗，以抬高其他经济体成本为代价来维系自己短期而狭隘的利益。

可以预计，国际货币体系将进入一个更加没有约束而混乱的时期。长期来看，没有谁是这种状态的真正受益者。

（写于 2015 年 1 月 24 日）

# 地缘政治格局中的国际货币体系：
# 一种全球秩序的风向标

"美帝国主义，没有什么地方能逃脱它。它有各种形式，但是最阴险的就是美元。""没有金融独立，就不会存在独立了。"

这两句话可不是哪位东方阵营的人物说出的，而是作为大西洋联盟主要国家的法国总统戴高乐将军，对身边那位既是年轻部长又是学者的阿兰·佩雷菲特亲口讲的。

20世纪整个60年代，戴高乐总统都在攻击美元—黄金体系，也就是金汇兑本位制的布雷顿森林体系，并一直拿法国官方美元储备兑换成黄金为手段向美国施压。从艾森豪威尔，到肯尼迪、约翰逊和尼克松，无不为之大伤脑筋。法国最终也确实成了压垮布雷森林体系的爆破口（引发了美国黄金库存的恐慌）。

当然，戴高乐的攻击，意在当时复杂而敏感的地缘政治格局。美苏围绕欧洲的冷战战略，美国在欧洲尤其是西德的驻军及其导致的巨额支出和黄金外流，柏林在东西阵营中的特殊性及其时刻引发的危机，核武器的共享、扩散与战略威慑问题，欧洲共同市场的组建及其对英国的排斥，法德联手对美国欧洲政策的抵制，等等，既涉及冷战中的东西阵营，也涉及西方联盟中的复杂性和裂痕。

只不过，美国国际收支赤字与美元黄金问题，恰好可以被法德这两个最大的对外盈余国拿来利用，目的是将美国赶出欧洲，至少也要将其影响力降到最低。用戴高乐的话讲："'欧洲必须决定欧洲。'欧洲必须战胜'面对美国产生的复杂的自卑感，毕竟美国是欧洲的女儿。'"①

其实，美国的几届总统并不比戴高乐将军好过。整个布雷顿森林体系尽管巩固了美元作为国际储备通货的地位，自然对美国有好处，但也使美国政府面临

---

① ［美］弗郎西斯·加文：《黄金、美元与权力——国际货币体系的政治》，社会科学文献出版社2011年版，第155页。

## 地缘政治格局中的国际货币体系：一种全球秩序的风向标

双重约束：美元发行需要相当于面值 25% 的黄金作为保证，各国官方持有的美元可以随时按 35 美元一盎司的既定平价向美国兑换黄金，前者是由美国《联邦储备法案》规定的，后者是《国际货币协定条款》确定的。

这两者时刻都在威胁着美国的黄金库存。战后历届政府的经济政策无不服从于增长与充分就业，这需要货币供应量的相应增长。好不容易在黄金约束下增加的美元流动性，却有相当一部分因美国庞大的海外驻军（尤其是欧洲）开支与对外投资等而流出美国。

20 世纪 50 年代末开始，欧洲国家及日本已从战后重建中恢复增长，对外贸易产生盈余并不断积累。而美国国际收支赤字却不断增加。这在进一步助长美元外流的同时，遵照美国的希望并为了维护布雷顿森林体系，盈余国家的国际储备尽量以美元形式持有，从而使各国持有的美元越来越多，尤以法德最为突出。

伴随国际收支赤字的日益膨胀，美元与黄金外流始终困扰着五六十年代美国的对外政策。艾森豪威尔总是担心对外赤字引发的黄金危机，会导致西方联盟的崩溃与冷战的失败，以至于询问他的财长能否用铀代替黄金作为主要储备："我们现在拥有 210 亿美元的精炼铀与钚。"肯尼迪常常对顾问们讲："最令我担心的两件事就是核武器和国际收支赤字"。约翰逊上任伊始就称:"除了越南,我面临的最大问题就是国际收支。"

这三任总统无不为了减少国际收支赤字,以防止美元与黄金外流,而在是否从欧洲撤军(驻军支出构成赤字的主要部分)、减少对外援助、要求欧洲各国(主要是德法)给予美国于欧洲军事存在以补偿、从盈余国家融资、限制对外投资甚至限制美国人的海外旅游等方面,绞尽脑汁,无论对内对外都是争论不断,却又犹豫权衡再三,左右为难,更不用说还要面临法德联手尤其是法国的攻击。这一度恶化了地缘政治关系。

三任总统及其内阁成员深陷"特里芬悖论"而受尽折磨。当然,期间也不是没有人想跳出这一困境:认识到布雷顿森林体系已不适应国际经济政治发展形势,应对之进行改革,甚至改弦易辙,终止这一国际货币体系安排,而不是继续在既定体系框架内盲目折腾。肯迪尼政府时期的经济顾问委员会和国务院就持这样的主张。其中,担任经济顾问的著名经济学家詹姆斯·托宾就质疑:"为什么我们要有固定汇率,为什么我们如此重视保持美元的黄金价格?"他在给总统的一份备忘录里明确写道:"既不是上帝也不是宪法规定了美元相对于黄金或其他通货的价格,因而如

## 地缘政治格局中的国际货币体系：一种全球秩序的风向标

果改变美元的价格，不会是世界末日。"①

然而，除了后来的尼克松，之前的几届总统都没有勇气跳出布雷顿森林体系的框架，也就只好忍受戴高乐的攻击了。不同于前几任，尼克松上任就告诉他的顾问："我不希望受到国际货币问题的烦扰……我今后不需要看国际货币问题的报告。"② 并拒绝出席国际货币基金组织与世界银行年会。在 1971 美国对外收支赤字猛然增加时，尼克松毅然决然地终结了布雷顿森林体系。

脱离了黄金束缚的美元，却没有使尼克松一身轻松。倒是不用再为美元的黄金价格与黄金库存烦恼，但美元大幅贬值与不受约束的货币发行相互交织相互加强，这不能不说是油价大幅上涨并带来强大冲击的重要原因，尼克松也就一步踏入了"滞胀"的泥潭。说到底，尼克松也没有躲开国际货币体系的困扰。

随后，美元在贬值道路上长驱直入。黄金从一盎司 35 美元，直到 21 世纪初的 1 200 美元以上，最高曾到 1 920 多美元，在 40 年的时间里美元贬值了 54 倍，致使全球不时被通胀所困。

---

① ［美］弗郎西斯·加文：《黄金、美元与权力——国际货币体系的政治》，社会科学文献出版社 2011 年版，第 122 页。
② ［美］弗郎西斯·加文：《黄金、美元与权力——国际货币体系的政治》，社会科学文献出版社 2011 年版，第 238 页。

20世纪90年代以来，通胀似乎被控制住了，甚至还有通缩的危险。但这是因为出口导向型新兴市场经济体的崛起，相当一部分美元流动性被这些经济体和传统工业发达国家（主要是德国日本）不断增长的国际收支盈余所吸纳，成为其美元外汇储备。世界各国于2011年底持有的10.2万亿美元外汇储备中，新兴国家和发展中国家持有其中的2/3。实体经济的低通胀并不意味着美元没有泛滥，过剩的美元流动性被以美国主导的迅速膨胀的全球资产市场所吸收，低通胀的背后是资产泡沫。

在国际货币体系安排上，美国不仅没有转向戴高乐一直强烈主张的纯粹金本位，反而在戴高乐猛烈攻击的滥发美元道路上一泻千里。但奇怪的是，美元的国际地位并没有下降，到2009年共有89个国家的货币盯住美元，全球外汇储备的六成以上仍然是美元；美国不仅不再担心对外赤字，反而将财政赤字和贸易赤字作为向全球供应美元流动性的基础，经济学家也堂而皇之将其上升为"双赤字理论"。

这是为什么？主要原因是美国发现通过出口金融资产，不仅可以使美元回流，也以金融资产的高收益激励外国和私人机构继续持有美元。双赤字源源不断地泵出去的美元流动性与美元金融资产收益相互强

## 地缘政治格局中的国际货币体系：一种全球秩序的风向标

化。资产泡沫掩盖了一切问题。

纸币本位下的美元主导的国际货币体系，在使美国和全球主要经济体度过了一段宽松甚至快乐时光后，却将潜在隐患主要留给了新兴经济体和美国自身。美元的矛盾对象，似乎已从法德日这样的传统工业国家转移到了新兴经济体。不过，肯尼迪将国际收支视为"戴高乐以及其他人悬挂在我头上一根棍棒"的这句话，却仍然没有失效，当今的美元照样是悬挂在美国和新兴经济体头上的一根棍棒，因为由如此泛滥的美元流动性支撑的资产市场泡沫终将是不可持续的。

如何将已经多次局部破裂过的超级美元资产泡沫，在今后的全球经济增长和政治协调合作中被不断吸收压缩，不至于猛然彻底内爆，这才是确保世界经济避免硬着陆的关键所在。但这并不容易，需要全球精英们的极大智慧。

可以预计的是，国际货币体系问题仍将是当前和今后全球主要经济体领导人面临的困扰。其中，既有贸易金融经济变化不定的因素，也有复杂的地缘政治考虑。新世纪的世界能否在既竞争又合作的有序轨道上前行，国际货币体系变化无疑是一个风向标。

（写于2015年1月6日）

# 复杂而现实的国际货币金融安排：中国的选择

　　国际货币金融安排，如果基于较多的市场力量，国际政治协调就会少些也轻松些。如果基于的政治力量太浓，广泛而深入的国际合作就是必需的，但这往往是脆弱的，不仅容易遭到市场力量的冲击，各国间协调合作的变数也较大。这已被高度政治化的布雷顿森林体系的建立、运行和破产所证实，也是其中的最大教训。

　　然而，又不可能离开国际间的政治协调与合作。这是因为当今所有货币均是纸币本位，由各主权经济体（或共同体）的法律强制确保，没有哪种货币运行不受其本土政治的影响。"货币操纵"已成了各国惯用的政策手段。以此为基础的国际货币关系怎么可能仅仅由市场力量驱动呢？

过去半个世纪以来，可以说货币数量说和银行学派理论取得了彻底的胜利，主导了整个世界。这在19世纪，还与通货学派（货币信用理论）争论得面红耳赤。[①]

纸币制度下的美元本位制（美元成为其他纸币的名义锚，已不存在实质性约束意义上的货币锚了），美元是国际贸易、金融、大宗商品交易的最主要计价与结算货币，全球官方外汇储备的六成以上是美元，主要货币间的汇率弹性和自由度日趋增大，紧随美元之后的是欧元、英镑与日元，人民币已显示出意欲加入世界主要货币俱乐部的强烈趋势。这是当今国际货币体系的基本状况。

对这一体系的总体评价如何呢？各类研究评价资料汗牛充栋。这一体系下的货币可兑换性，只是指经常性账户和资本账户下各经济体货币按市场汇率进行兑换的自由度，已不再是与黄金的可兑换性。主要货币汇率的浮动而非固定，是这一体系的最主要特征，但并不是完全自由的，而是"有管理的浮动汇率制"。

---

[①] 有关19世纪通货学派（货币信用理论）与银行学派（信用货币理论或货币数量理论）之间的争执及其对英国金融经济的影响，经济学家熊彼特在他的《经济分析史》中做了很好的梳理与总结。熊彼特：《经济分析史》（第二卷），中译本，由商务印书馆1996年版。

"有管理的",即为各国政府干预,从而免不了受国内政治因素影响。问题是,这种"管理"往往使相对币值的升降方向、幅度及其时间布分,与真实情况并不一致,也不完全与市场预期相吻合,因而也就留下了投机性市场力量进行攻击的可能性。否则,在布雷顿森林体系已破产多年之后,怎么还会有对诸如英镑(1992 的年英镑危机)等主要货币以及新兴经济体货币(20 世纪 90 年代的墨西哥比索危机、巴西与阿根廷货币危机、亚洲金融危机)的攻击呢?

若想避免投机性市场力量的攻击,资本管制就是必需的,而这会导致"操纵汇率"的指责。其实,这种指责在国际金本位制与金汇兑本位制的布雷顿森林体系下同样存在。从 20 世纪 50 年代末到布雷顿森林体系崩溃,德国、法国和日本这些有着大量国际收支盈余的国家,一直面临着美国的"操纵汇率"指责,其货币被美国认为严重低估。布雷顿森林体系破产之后的 70 年代和 80 年代,日本是承受美国这一指责的最主要国家,也是美国对外货币政策事务的主要关注对象。进入 21 世纪后,这顶帽子被戴到了中国的头上。

然而,若是站在被指责者的一边,历史地看,这种指责不应也不会被接受,也站不住脚,因为相比美国的发展阶段不同,货币地位也不同。从 19 世纪末开始便居于世界之首的美国,正如它所取代的英国在18世纪到19世纪下半叶的情况,均属重商主义强权国家,无论是贸易、经济份额、货币地位,还是军事与政治影响力,无人能比,自由放任式的主张充分体现于其对外货币与经济政策之中,要求主要竞争者的货币汇率应完全取决于美国主导的全球市场力量。

　　写到这里,使我想起亚当·斯密的《国富论》当初在欧洲大陆与日本的反应。《国富论》主要是基于当时英国的全球领导者情况而建立起的自由放任式经济理论,并出具了相应的国内国际政策主张。而它在其他国家则遭到了批评与抵制,其中,德国经济学家李斯特的《国民经济学》最具代表性。鉴于德国工业当时在国际市场上尚无法与英国竞争,如果信奉斯密的国际自由贸易学说,在李斯特看来,德国必将处于更加不利的境况。对此,研究斯密的中国台湾"清华大学"赖建成教授总结得好:"李斯特并非完全反对自由贸易,而是认为各国应据各自的经济状况,调整其经济政策,先顾虑'国家'的经济自立,然后再谈'世界'的经济共荣。"[①]

---

[①] 赖建成:《亚当·斯密与严复》,浙江大学出版社2009年版,第137页。

不容否认，币值低估是一种贸易干预与经济保护手段。历史上的德国、日本也好，今天的中国也好，都是追赶者。即使有一定的币值低估，也是一种合理而必要的政策，当然，激烈的竞争性贬值政策另当别论。如果完全听从美国的汇率要求，反而倒是一种不平等。"共同而有差别"的原则，看来也适合包括汇率政策在内的国际货币事务安排。

其实，美国是当今国际货币体系的最主要受益者。美元汇率浮动，美元几乎不受任何束缚，美国摆脱了世界货币体系守护者的责任，不再担心美元黄金外流。美联储是当今的全球性中央银行，而不是凯恩斯与怀特设计的国际货币基金组织（IMF）。但美联储的货币政策基本是从美国自身的金融经济与政治需要出发，而不是全球均衡增长与发展之需，其取得了全球中央银行地位，却没有行使出全球性公正之责。这里面充满了扭曲。

非但如此，美元主导的全球支付结算体系、计价与储备货币地位，给了美国随意制裁他国的强有力手段。轻者，美国可以轻易输出通胀或通缩，致使其他经济体深受美国经济周期及其经济政策调整之苦。

这一点早被欧洲各国识别，并努力加以抵抗。单一共同货币欧元区的建立，就是这一努力的典型体现。

## 复杂而现实的国际货币金融安排：中国的选择

美国人也非常清楚这一点。美国新保守主义代表人物、布鲁金斯学会高级研究员罗伯特·卡根在其《天堂与权力》一书中开篇即道："现在，是时候停止假装认为欧洲人和美国人对这个世界拥有共同的看法，甚至认为他们拥有同一个世界。在涉及权力的所有重要性问题上——权力的效力、道德性以及对权力的渴求——美国人与欧洲人的观点都是背道而驰的。"[1]

这对当前中国清醒认识国际货币体系的真实面目，认真研究确定对外货币关系的政策目标、策略与实施路径，都是值得高度重视并冷静思考的观点与经验。

在相当长的时期内，基于中国与美国发展阶段的差异，人民币不可能也不应当去挑战美元的国际地位。在协调处理全球货币体系事务上，中国是一个重要的参与者，但绝不是领导者。中国的货币及其汇率政策，理所当然地是确保中国经济均衡持续较快增长与发展。在此基础上，通过推进双边、多边自由贸易和投资区的建设，脚踏实地地使人民币在国际贸易计价、结算、价值储藏方面得以循序渐进地使用并发挥

---

[1] 罗伯特·卡根：《天堂与权力》，社会科学文献出版社2013年版，第1页。

作用，才是一条正确的道路①。其中，必要的冷静清醒意识与审慎原则，还是必需的。

（写于 2015 年 1 月 11 日）

---

① 根据环球银行金融电信协会（Swift）的数据，2014 年 12 月，全球有 2.17% 的支付以人民币结算，其比例首次超过加元和澳元，成为全球第五大支付货币。排在人民币前面的美元、欧元、英镑、日元所占比例分别为 44.64%、28.3%、7.92%、2.69%。由此，Swift 的专家称，人民币"正从'新兴'支付货币过渡为'常用'支付货币"。参考英国《金融时报》于 2015 年 1 月 28 日的报道。

# "西方"："非了然性"还是"了然性"

现代话语中的"西方",其实相当狭小,严格说起来,仅仅指基督教世界。而这个星球的大部分辽阔地带和人口,均生活在非基督教世界中。

即便是基督教世界,真正属于"西方核心"的也就是天主教和新教集中的地区,至于基督教的第三个分支东正教所分布的地带,并非是真正的"西方",起码不是"西方核心"。

韦伯的"资本主义精神"只是"新教伦理"的衍生品,南欧的天主教聚集区并不是韦伯意义的"资本主义精神"的发源地,更不用说东正教地区了。如此说来,狭窄的西欧、北欧和后来清教徒殖民的北美,才是那个所谓的"西方"。

即使从路德的"新教改革"算起,现代意义的"西方"也不过 500 年。在漫长的人类文明史中,这实在算不上多长。当然,这 500 年的确是"西方"苏醒、崛起并最终步入主导世界的时代。

现在的"西方"呢?早就从 19 世纪起进入了傲慢和偏见的轨道,唯我独尊和无比优越的"中心论"持续了近 200 年后,那种逐步生成并迅速膨胀的自信,依然蜕变为十足的自负。愚蠢的自负与可怜的自卑只是隔了一层窗户纸。

如果说自卑是岸上自负之树在水中的倒影,风吹水皱,那个倒影不易被人觉察,那么,岸上招摇摆舞的自负之树,却总是显目刺眼。极度的自负,已然赶走了自信。这已被"西方"内部的有识之士意识到。

"西方"给人类世界带来了什么?其最大成就,即为"西方中心论"者所标榜的"现代文明"。这一文明首先从目的理性和工具理性出发,通过科学和技术控制并改造自然,服务于人类;其次是从确认并保护世俗化私人利益出发,通过广泛而自由的市场交换,促进了资本的充分运用和积累;再次是从公权与私权的明晰划分出发,通过政治权力公共化、法治化、行政化,规范和约束市场交换系统,保持社会平衡。前两者合起来,促进了生产力的长足发展,以求获取物质上的充裕；最后一点是通过"政府干预主义"建立了再分配机制，维持着民族国家的边界及其内部均衡。

简言之，"西方"带来了三种手段：金钱、权力和团结，这可以说是现代社会的三种资源。经济交往完全货币化，人类正在经历着货币文化时代；权力既有对自然支配与控制的权力，也有规范和管理社会的权力，即行政权力；行政和市场的结合，更多的带来了经济增长，如果没有"团结的社会一体化力量"，没有对传统价值和文化知识的继承，各个群体就无法有效地整合起来，政治意志的形成也就缺乏可以汲取的力量。

问题是，当代"西方"的团结资源正在趋于衰竭。对内，传统价值尤其是宗教文化，只是囿于精神领域中的边缘地带，人文主义让位于金钱与权力；社会再分配机制，正如哈贝马斯所揭示的："本质上只是在处于依附地位的就业者集团内部进行水平调节，而对特殊阶级的财产结构，尤其是生产资料所有权的再分配则几乎没有触及。"[①] 对外，则是一味实施凯

---

① 哈贝马斯原著，曹卫东选译：《哈贝马斯精粹》，南京大学出版社 2004 年版，第 530 页。

恩斯主义的扩张政策，唯我独大，遵循"中心与边缘"的模式，四面出击，不是团结，而是制造矛盾、冲突和分裂。

更成问题的是，金钱与权力相互交织促进，特别是权力随着金钱财富的不断扩充而肆意铺张，"国家干预主义"指导下的政府规模和触角不断扩张与深入，"社会福利国家"无不成为各个政党的纲领，变为政治鼓动的号角。里根和撒切尔夫人所代表的"新保守主义"也未能改变这一潮流。日常交往的生活世界，正在各种确保"社会福利国家纲领"的政策实施中，日益受到侵蚀。

原本想通过金钱与权力相结合的"社会福利国家政策"来维持甚至增强团结资源的"西方"，却反其道而行之，逐渐在失去团结资源，社会一体化力量的一个支撑正在弱化。对此，1984年11月26日，哈贝马斯应邀在给西班牙议会所做的一场报告中，从时间意识、时代精神、历史思想、乌托邦思想、劳动社会、交往社会等在"西方"的变迁中，做了较为系统的分析。

不同于"乌托邦主义"的是，哈氏纠正了对"乌托邦"概念的贬义指责，他认为，正是历史思想与乌托邦思想的融合，才成就了"现代的自我确证"，树

## "西方":"非了然性"还是"了然性"

立起了人们对未来的"现实期待":"如果乌托邦这块绿洲不见了,将会出现的是一块平庸不堪和绝望无计的荒漠。"① 当代"西方"的"社会福利国家纲领"正是从"劳动社会的乌托邦"那里汲取了力量——将劳动从异己的决定中解放出来,变为自主活动,达到人的自我实现与幸福。

诚然,正如哈贝马斯的结论,社会福利国家制度已经成为"西方"的一种民主法治国家制度,代表了政治制度的前进方向,具有无可替代性和不可逆性。问题是,"社会福利国家的发展陷入了死胡同",作为社会福利国家纲领来源的"劳动社会的乌托邦力量","也一道走向了穷竭"。所以,哈氏无奈地总结道:"发达的资本主义既离不开社会福利国家,又无法用社会福利国家来进一步完善自身。"②

如此之下,"西方"会怎样?如果按照布洛赫和曼海姆的定义:"'乌托邦'是规划生活的有效手段,它扎根于历史进程当中。"③ 那么,当"西方"的乌

---

① 哈贝马斯原著,曹卫东选译:《哈贝马斯精粹》,南京大学出版社 2004 年版,第 540 页。
② 哈贝马斯原著,曹卫东选译:《哈贝马斯精粹》,南京大学出版社 2004 年版,第 532 页。
③ 哈贝马斯原著,曹卫东选译:《哈贝马斯精粹》,南京大学出版社 2004 年版,第 523 页。

托邦力量已经穷竭时,也就失去了筹划未来的能力,而这带来的"不仅仅是现实主义"——人们只有"当下",顾不上或者看不清甚至没有"未来"。除此之外,这还带来了哈贝马斯所定义的"新的非了然性"——"情况在客观上就不那么一目了然。"

"非了然性"并不是什么不好的事,因为,"非了然性也是一个社会充满自信并准备有所行动而发挥的功能"。问题的关键是,正如哈贝马斯的质问:"西方文化是否还充满自信。"[1]

"西方"能否还会给人类带来一个值得他们标榜的几百年?对此,仅仅依据当今"西方"的自负程度,可真就不存在什么"非了然性"了,有的只是带有否定答案的"了然性"。不是吗?

(写于 2014 年 8 月 10 日,以《今日"西方"极度自负赶走了自信》为题发表于 2014 年 9 月 26 日的《上海证券报》专栏版)

---

[1] 哈贝马斯原著,曹卫东选译:《哈贝马斯精粹》,南京大学出版社 2004 年版,第 524 页。

# 世界经济版图变动中的地缘政治格局重塑

相比20世纪，现在的世界经济版图确实改变了很多，而且还将沿着既定趋势继续变化。这必然带来地缘政治格局的改变。政治是经济的集中体现，无论在一国之内还是全球范围，概莫能外。

从20世纪80年代开始产生重大实践影响的新自由主义，是以哈耶克、弗里德曼和供应学派的学说为核心的。新自由主义对市场机制和利益一致基础上的合作原则倍加推崇，甚至将其当作形而上学原则而提高到了神圣的地步。这无疑极大地推动了金融化和全球化，带来了诸如世界贸易组织等全球多边机制范围与力量的扩大。新兴市场经济体的快速增长与崛起受益于此。

与此同时，对经济格局快速变化尚未适应，更是无法接受随之而来的地缘政治变动的保守主义，仍然有着强大的势力与影响。尤其是在被追赶的发达经济体内部，标称"现实主义者"的保守力量，一方面认可金融与军事实力的强化与运用，另一方面充满了利益分歧和针对自身权力相对下降的担忧，其政策主张多半带有冲突与对抗色彩。新兴经济体越是进一步发展，现实主义保守势力在发达经济体内部的影响就会越是增强，其理念与政策主张也就越是趋向保守甚至极端。这是导致区域和全球动荡的重要因素之一。

对孤立主义单边政策和军事优先强权行动的热衷，实际上是一种不再强大自信的体现。只有不自信者，才会满眼危机、挑战、对抗与冲突。对此，美国新保守主义代表人物罗伯特·卡根在其《天堂与权力》一书中表达了相反的观点。

中国和印度两个共计近30亿人口的大国，过去几十年和接下来相当一段时期内的快速增长与发展，不可能不对全球经济版图与政治格局带来重大改变。在与美欧发达经济体的关系中，竞争中的合作是主流，但不排除某些摩擦甚至局部对抗。

中印两国的复兴及其影响，至少在分量与规模上就不同于20世纪下半叶拉美与"亚洲四小龙"的复兴。这两个大型大陆经济体的快速增长，必然会带动东南亚、南亚、中东海湾和中亚的增长，并使亚洲更加趋于经济合作与融合。这会促进在这一集中了全球一半以上人口并有着丰富资源的地区不断加强区域性多边政治协调机制建设。

由于经济发展阶段和历史等原因，谋求经济增长与减少贫困，不断提高生活水平，是这一区域各经济体共同的主要追求。这一共同之处将会极大地抑制分歧与可能的冲突。因而，求同存异是这一区域地缘政治的主导原则。当然，该地区仍然集中了全球主要博弈力量，现实是复杂而多变的。显然，具体格局的演变，主要取决于美、中、印、俄的各自认识、战略选择及其相互关系协调。

过去十几年来，新兴经济体特别是中国，由贸易盈余积累起来的巨额美元外汇储备，以主要投资于美国债券等资产的方式回流到美国，对美国政府支出、居民消费与华尔街的活跃起到了相当的支持作用，某种程度上保持了大体上的相对均衡。但是，随着2008年金融经济危机的爆发以及美元币值的巨大震荡，打破了美国与以中国为代表的新兴贸易盈余经济体之间的脆弱平衡，双方越来越变得均不满意现状。

美国两党政治精英无不希望通过促使新兴经济体扩大内需和贬值美元策略来扩大出口,从而拉动国内经济增长与创造就业岗位。作为仍然在纸质美元主导的国际货币体系下运行的新兴经济体,当然希望美元币值稳定。这其中的分歧与差异,迫使大型经济体加速其巨额美元外汇储备多元化运用策略的实施,这会削减美元回流美国本土的循环机制。即使没有这一因素,美国本土泡沫吹起又破灭的危机频发也会使原来的美元回流机制不可持续。

可以预计的是,在一段时期内,随着亚洲区域经济合作的扩展与深入,会形成一个初具规模的亚洲美元市场。这一市场并不以金融资产投机性的炒作为主,而是集中于基础设施与制造业的投融资。其规模与影响,远不是20世纪80年代由"亚洲四小龙"起飞所形成的以新加坡为中心的"亚洲美元市场"所能比的,更不同于70年代海湾地中东区与美国之间循环流动的"石油美元"和"军火美元"。

20世纪70年代,某种程度上讲,为了与西欧、日本在全球范围内的经济竞争,打击后两者的经济竞争力,美国从尼克松政府起始,与以沙特为首的海湾

## 世界经济版图变动中的地缘政治格局重塑

中东力量合作[①],举着稳定油价的旗号,将石油政治化。在操纵两次油价大幅上涨,严重打击了日本与西欧经济后,也使海湾中东地区积累起了巨额石油美元储备。美国分别通过出口商品与金融资产,以及制造地区紧张形势而形成巨额军火输出,促使海湾中东的石油美元回流美国,支持其国内投资。这形成了独特的石油美元与军火美元机制。正因如此,尽管海湾中东地区那时有着巨额美元外汇储备,但没有形成对这一地区可持续增长与发展有利的区域性美元市场。这是美国所希望的,既满足了美元回流循环机制的需要,也不会对美国的全球金融中心地位形成威胁。

然而,以中印或者再加上俄罗斯为主而形成的亚洲大陆美元市场,即使在美元本位的国际货币体系环境中,也会对美国的传统国际金融中心地位形成一定的挑战,至少会有一定的分流效应。更值得注意的是,与以前所有离岸美元市场不同的是,这次形成的

---

① 1974年6月,美国借助海湾地区石油的美元化而谋求霸权的策略正式形成,由尼克松政府的国务卿基辛格主导建立了"美国—沙特阿拉伯经济合作联合委员会",日本欧洲被迫加入。这一机制不仅打击了日本经济,也严重拖累了当时由法国领导推进的欧洲货币同盟的实施进程。英国伦敦里士满大学国际关系教授瓦西里斯·福斯卡斯和英国基尔大学国际关系教授比伦特·格卡伊对这一机制做了简明而到位的分析,参见两人合著的《美国的衰落》一书,中文版由新华出版社于2013年出版。

亚洲大陆美元市场，只是就一定历史期限而言的存在。长期来看，该市场会被这一区域主导经济体的货币所逐步取代，并在全球范围内与美元、欧元共同成为主要计价结算和储备货币。因此，所谓亚洲大陆美元市场，顶多只是一种时间并不长的过渡。

作为欧亚大陆另一端的欧盟，已经、正在并将继续在同亚洲经济体的经济交往合作中获益，外交政策倾向于以经贸纽带为核心的双边多边合作。在这一点上，欧洲与美国有所不同，不会完全附和后者的政策战略，他们对亚洲的崛起没有太多抵触。

虽然期间会有不确定性甚至可能发生一定规模的冲突，但是，世界朝向多极化方向迈进的趋势难以避免。这的确不是美国所希望的，却是需要在一种复杂矛盾的纠葛心态中不得不加以适应的。这一趋势在重塑地缘和全球政治格局的过程中，可望迎来更多的双边和多边合作。

多极世界意味着更强更好的力量平衡，有利于全球秩序的合理化与稳定，而不是保守主义者宣扬的更多冲突中的更加不稳定。这是人类的一个福音。

（写于2015年2月1日）

# 支持寻求缓解乌克兰
# 局势政治方案的外交努力

据报道，德、法两国领导人拟前往莫斯科，就缓解乌克兰局势，与俄罗斯总统共商政治解决方案。①这是值得称道的外交努力。

与此同时，候任美国防长公开主张向乌克兰政府提供武器，以提升打击乌东部力量的力度。②这是美国单边军事优先强权政策观念的典型体现。不应低估秉持这一观念的美国国内势力及其影响。

世界又一次看到了大西洋两岸的核心力量，或者说北约内部的裂痕与分歧。前不久，就是否响应美国

---

① 见英国《金融时报》2015年2月6日的报道《德法领导前往莫斯科与普京会谈》。

② 见英国《金融时报》2015年2月5日的报道《美候任国防部长称支持向乌提供武器》。

号召，继续并加大对俄罗斯的制裁，欧盟成员国外长会议已经得出了否定的答案。

其实，20世纪60年代后期开始，随着布雷顿森林体系运行得越来越吃力，围绕着美国国际收支赤字、美元黄金外流、欧洲驻军、核武器、美元黄金的可兑换性等问题，北约内部就已经出现裂痕，只不过通过夸大"苏联威胁"以及"德国问题"，而使这种裂痕被美国控制在大体上不影响依其意愿行事的范围之内。

但是，柏林墙倒掉"冷战"结束后，用于按压与控制大西洋两岸分歧的最大因素（苏联）不存在了；欧洲也随着欧元的面世而成为单一货币共同体，一体化程度得到实质性提高。欧元已经替代英镑成为全球第二大储备货币，并将英镑大幅度甩在后边。这一因素，连同中国、印度的日渐崛起，挫伤了美元英镑集团的势力，也使北约内部的裂痕与分歧日见明显。

当然，任何轻言美国衰落的结论都是罔顾事实。有人说，当今美国的名片也就是"沃尔玛和高盛"，意即只有消费与金融泡沫。人所皆见的事实远非如此。无论从哪个角度讲，美国仍然是当前和今后相当一段时期内全球最强大的霸权国家。

然而，美国无法再像布雷顿森林体系鼎盛时期那

## 支持寻求缓解乌克兰局势政治方案的外交努力

样,在其传统盟友范围内一呼百应,更不用说在全球的号召力了。这倒也是事实。这无疑给了相当一部分美国精英一种危机感。这种危机感不仅刺激了新保守主义势力的滋生及其在政治上的感召力,也促使美国主政者总想重新树立新的战略威胁对手,甚至不惜制造地区紧张冲突形势,借此来弥合北约内部的裂痕与分歧,恢复昔日那种无可挑战的领导地位——至少在大西洋两岸的传统盟友范围内。眼下的乌克兰局势,正是一个绝好的机会。

可惜,今日的欧洲已非"二战"刚结束时的欧洲,美国财政力量也没有那时宽裕了。欧洲表现得越来越不需要美国,尤其是在政治和军事上。这使得美国精英更加担心北约力量的可持续性。盖茨在辞任美国防长的演说中就直言:"如果欧洲各国不提高以及不使它们的防务支出合理的话,北约就面临着在军事安全方面变得无足轻重的可能性……任何鼓吹在亚洲或中东进行地面战争的继任者都应该去检查检查脑袋。"[1]

正因如此,世界也面临着新的潜在危险。美国可

---

[1] 瓦西里斯·福斯卡斯、比伦特·格卡伊:《美国的衰落》,新华出版社2013年版,第6页。

能越来越不需要征得欧洲的同意与配合，而趋向于孤立主义的单边行动，这优先体现在军事上。这已在20世纪90年代美国直接介入前南斯拉夫分裂与军事冲突以及伊拉克战争中得到体现。

问题是，欧洲本土日益受到伊斯兰极端势力的影响，并将其主要归因于美国在中东海湾和北非地区军事行动所带来的结果，从而更加不喜欢不支持美国的单边军事干预。陷入债务危机、经济衰退、财政紧张已经多年的欧洲各国，更没有政治意愿也没有能力增加军费开支，这加速了北约的势微。由于地缘、能源供应、经贸等因素，欧盟并不希望与俄罗斯的关系紧张化。

随着中国提出的"一带一路"倡议得到广泛认可和参与，以及中欧贸易和投资往来的规模快速扩大，加快欧亚大陆的互联互通，深化经济合作，对欧洲已经并将继续带来的巨大利益，致使欧盟需要与俄罗斯合作而不是对抗。

所有这些因素，使得大西洋两岸对于乌克兰局势以及针对俄罗斯的态度都会更显分歧。一种可能的结果是，欧盟将中止吸收乌克兰的计划，使其继续处于中立状态，也不再支持北约东扩，说服乌克兰政府给予东部俄语地区更大的自治权，缓和并最终停止这一

## 支持寻求缓解乌克兰局势政治方案的外交努力

区域的紧张冲突局势。这或许不是美国最希望的一种解决方案，但乌克兰毕竟不是前南斯拉夫，俄罗斯的地缘政治影响仍然不容小视，所以，这一结果出现的概率较大。

乌克兰局势的最终和平解决，对欧亚大陆的互联互通与经济合作的深入非常重要，这将是有利于各个经济体的局面。

（写于 2015 年 2 月 7 日）

# 国际秩序演进：
# 竞争中的对抗还是合作

世界改变了吗？看从哪个角度讲。就全球公共治理原则而言，似乎没有多少变化。狮子加狐狸的马基雅维利主义，好像仍然是这个世界所信奉的原则。伊曼努尔·康德的"世界永久和平"尚未实现，"霍布斯世界"倒是不时困扰着这个星球上的人类。

生活于意大利佛罗伦萨的马基雅维利，当地温热而舒适的气候并没有使其政治观点趋于浪漫和理想化，而是极其现实。力量与权谋是马基雅维利的最高权力原则，这直接促成了霍布斯针对无政府状态的丛林法则的倡导。

200年后的康德，这位生活于东普鲁士哥尼斯堡的哲学家，其政治观点并未随着当地寒冷的冬天而变得坚硬、现实而冰冷，反而是十足的理想化。他畅想通过唯一的"世界性政府"而使人类变得永久和平，但哲学理性又使他担心这样的全球性单一政府更容易滑向专制，从而损害自由与民主，这成了著名的"康德悖论"。想想这些有着广泛而深远影响的不同时代的人物，还真是有意思。

回到我们所处的当今现实世界。针对早已主导全球领导者地位的美国，有人在 10 多年前就断言："美国人也从没有接受过欧洲古老秩序的原则和马基雅维利主义的观点……至于美国人崇尚权力，他们相信权力是实现一个文明和自由世界的必需手段。"[①]

说这话的罗伯特·卡根可不是一个随便的小人物，而是当今美国新保守主义的代表，曾是当年与奥巴马竞选总统的共和党候选人罗姆尼团队的主要干将。但他的这个断言并不正确。尼克松就宣称自己是一个"马基雅维利主义者"。

强大的美国，尤其是冷战结束后无人再予挑战的地位，根本用不着马基雅维利那种狐狸式的小聪明把戏，而是直接运用手中以军事力量为代表的强权去实

---

[①] 罗伯特·卡根：《天堂与权力》，社会科学文献出版社 2013 年版，第 57 页。

现自己的目的，美国已越来越倾向并习惯于单边主义，对多边组织和国际法不仅不再支持维护与尊重，反而视其为行动障碍。

这种单极世界里不受约束的力量法则，尽管受到很多批评，比如那位宣告西方最终取得了胜利的美国政治家富山最近就认为："战争对美国的威信和实力投下了阴影。世界开始向支撑民主主义的美国投去不信任的目光。花费巨额费用，陷入不必要战争的结果是美国人民也丧失了参与世界事务的意愿。"[①] 但是，美国主政者们恐怕很难就此打住。

卡根在其《天堂与权力》一书中对此分析得很透彻。在卡根看来，狐狸式的权谋法则，间接战略，热衷于通过商贸经济建立联系纽带，倾向于多边主义、国际组织和国际法的原则，并不是强国外交的战略原则，至少不是像美国这样最强大国家的外交战略。而对信奉与践行如此外交战略法则的欧洲，被美国新保守主义认为是实力尤其是军事实力严重衰退的体现，美国也因此越来越不指望欧洲这一传统盟友对其全球战略政策与军事行动给予支持，甚至完全忽略无视欧

---

① 西村博之（日本经济新闻）：《专访富山》，引自 2015 年 1 月 15 日日经中文网。

洲的观点与意见。这也是大西洋联盟内部裂缝日益扩大、北约势微的原因所在。

诸如卡根这样的新保守主义者清醒地认识到，欧洲人对美国穷兵黩武式的单边主义强权政治越来越不满意，特别是伊拉克战争导致了目前欧洲本土恐怖袭击时有发生的情况，致使欧洲人对美国的抱怨与批评更是越来越强烈。然而，无论是美国人还是欧洲人也都意识到，欧洲"二战"之后已经长达70年的和平稳定、一体化进程、经济实力、社会福利、公众生活优哉的"后现代世界"（被卡根称为的"康德天堂"），离不开美国的强权特保护。美国在欧洲的军事存在，使得欧洲各国原本应当用于军费开支的大笔财政资金，被用来增加社会福利。当然，这也导致了欧洲军事的弱化。问题是，欧洲人已经习惯了这一状况，更是被新一代欧洲人视为天生如此。

也许卡根是对的，美国可能不再需要欧洲，但欧洲离不开美国。尤其是进入新世纪后，伴随主权债务和欧元危机而来的经济增长下滑，失业率大幅上升，财政收支紧张，已经习惯了"天堂生活"的欧洲人不会自愿勒紧裤腰带，更加不愿意拿出大笔费用投入军事建设，何况也没有这个能力。再者，乌克兰危机的爆发，以及随之而来的与俄罗斯的紧张关系，欧洲更加需要美国，其程度或许是冷战结束以来最为强烈的。卡根很好地概括了这种颇具讽刺意味的形势：

"欧洲反对政治，贬低军事力量，认为二者不能作为处理国际关系的工具，但他们在欧洲的土地上却不得不依赖于美国的军事存在。欧洲的新康德秩序之所以日臻完善仅仅是因为依照霍布斯旧秩序行事的美国为其提供了保护伞。美国的权力可以使得欧洲人相信权力不再重要……尽管美国在把欧洲带入康德式天堂起了关键作用……但是美国自身无法进入这个天堂。这意味着他们修建了保护天堂的墙，却进不了门。美国拥有强大的权力，却在历史上停滞不前，它被留下来对付萨达姆和什叶派领袖等，而把大多数好处给了别人。"①

这一大段话真是把人感动得快要哭了！？卡根说这话是在2003年，10多年过去了，世界和美国开始变了。即使认为卡根的话有道理，但是，无论美国还是欧洲尤其是前者，单边主义也好，上帝一样的境界也好，都需要强大的经济实力作为基础。问题是，不管是从绝对角度还是相对角度看，这一基础都开始松动了。

对此，2008年的金融经济危机着实提醒了美国

---

① 罗伯特·卡根：《天堂与权力》中文版，社会科学文献出版社2013年版，第103~107页。

人。危机时的慌乱和过后多年的复苏困难，使美国精英们看到了产业空心化的危险趋势，"再工业化"也就成为奥巴马政府经济政策的一个努力方向。正因如此，奥巴马在对外政策上，从其前任那里有所回缩。先是从伊拉克、阿富汗撤兵，针对北非与中东叙利亚的军事干预也没有再一马当先地坚持单边行动，与此同时，决定参与并主导推动跨太平洋战略经济伙伴关系协定（TPP），启动并推进跨大西洋贸易与投资关系协定（TTIP），开始重视多边合作战略。

当然，这些转变有顺应其实力变化之需，也有针对中国崛起的战略应对之意。实际上，早在克林顿政府时期，就已将中国作为重大战略挑战者对待；小布什政府明确将中国视为战略竞争对手；奥巴马政府的"重返亚太战略"，更是在地缘政治和全球格局中直指中国。

还是那位卡根，在其出版了《天堂与权力》一书的5年后，于2008年美国金融经济危机时写作的小册子《历史的回归与梦想的终结》，已没有了前本书那样猛烈的"单边主义"、"单极世界"、"军事力量优先"、"孤立主义恣意妄为"的色彩与观点，而是一再引用基辛格这样的美国老牌地缘政治现实主义者有关国际竞争早已植根人性之中的观点，认可"一种新的权力形态正在重塑国际秩序",承认"一超多强的世界",并有着走向"多极世界"的趋势。只是,美国保守主义势力并不希望也不相信一个多极世界的最终出现,他们固执地认为顶多是"一超多强世界"能够持续。

当然,像卡根这样的美国精英也清醒地认识到,当今世界存在着多条明显而脆弱的地缘政治断层线。最引人注目的是沿着欧洲—俄罗斯的断层线,以及另一条从东北亚贯穿东南亚再进入中亚的弧式断层线。断层线处聚集了各种相互角逐而复杂的力量。然而,就断层线上的国家和经济体而言,当前的最大希望与需要是通过贸易投资等经济纽带,在获取增长与发展中予以合作并联合起来,并没有太多意识形态和哲学原则之争,也不希望将军事力量竞争作为核心。

无论如何,支配世界的根本法则尽管没有变,国际竞争仍将是全球秩序变化与演进的最主要推动力量,但是,人类文明的经验与教训在不断积累中也释放着独特影响,国际竞争的确是从来就存在的,只是"竞争合作"的意味渐渐变浓,"竞争对抗"的色彩在变淡。

(写于 2015 年 1 月 17 日)

# 进一步的合作共赢：
# 可期的主流国际形势

100年之前的这个时候，是第一次世界大战正酣之际，冬季攻势是相关各方的关注点。

过去的100年里，是战争、革命、独立和解放运动此起彼伏的时期。100年的斗争、困惑、煎熬及其随之的增长和发展，造就了今天的世界格局。

无论是百年之前潜伏在冬季寒冷壕沟里的士兵，还是那些在前线或者后方指挥部里的决策精英，恐怕都希望这个世界永远都不再发生战争。对于今天的全球格局，也许是他们希望争取的，也许没有想到。

尽管今天，个别地区仍然有战事、动乱和恐怖袭击，但远不是百年前那种世界大战的境况。

联合国框架与原则，虽然还有很多改进之处，也并不总是有效，但作为全球最高层次也最为广泛的协商治理机制与平台，运行已经相当成熟，可以说深入人心，作用越来越彰显。而这是百年前所没有的。

被纳入联合国框架内的布雷顿森林体系，作为全球经济金融货币合作的多边机制，在过去七十多年间对促进全球经济发展和金融稳定发挥了值得肯定的作用。这一体系，尽管面临着内外体制与机制的一系列改革和运行压力，但仍然是全球最主要的经济金融货币多边合作与促进机制，正在并将继续发挥着积极作用。

当然，这些机制也正在做着并不轻松的变革与选择，不管是主动的还是形势所迫。国际货币基金组织终于赢得美国国会对其份额和投票权的调整支持，这提高了新兴发展中国家的参与度和发言权；已经将人民币列入 SDR 货币篮子，顺应了全球经济与货币形势变化；世界银行也正在考虑并试图推进旨在提高效率的改革措施。

作为全球贸易谈判与合作协商机制，在刚刚结束的 WTO（世界贸易组织）肯尼亚部长级会议上，成功地将 14 年前开始的多哈回合谈判向前推进一步。全球气候谈判的巴黎会议通过了具有一定积极意义的协议，夯实了共同合作努力的基础。

所有这些包括经济、金融、货币、科教、卫生医疗健康、军事、安全、文化、政治、气候等等方面事项的联合国框架合作协商机制，既是过去百年以及更久远历史经验尤其是惨痛教训的结果，也是人类智慧和文明进展的体现。这一套机制，在管控争端，促进人类合作，稳定世界秩序方面，是值得倍加珍惜、爱护、建设、改进和完善的。

随着世界形势的发展变化，人类在探索合作互利机制上不断做出努力。今天，尽管存在着货币和主权债务危机的后续影响困扰，但在化解危机的过程中，欧盟作为深度一体化机制，已然到了一个新的高度，分歧并没有阻止区域一体化的进展。APEC（亚太经合组织），G20（20国集团），跨太平洋贸易伙伴（TPP），跨大西洋合作伙伴，等等，都是一些在联合国框架范围之外对区域合作机制的探索。

在这些探索中，从非洲、拉丁美洲到亚洲，由发展中国家自主发起的区域合作平台与机制，尤其值得肯定与重视。在维护传统的南北合作、南南合作框架的同时，发展中国家迄今所做出的区域次区域合作探索，促进了传统国际合作机制的建设与发展，使之朝着更加民主、平等、互利共赢的方向发展，更好地反映应当得到反映的声音，促使这些多边机制更加务实有效。

随着中国几十年奋力而高效的增长与发展，综合实力和国际影响力的提升，中国政府陆续推进建立的区域多边合作，诸如，中国东盟 10 + 1，中日韩东盟 10 + 3，上海合作组织，亚信组织，中非合作，中拉合作，金砖国家合作，尤其是，中国国家主席习近平提出的"一带一路"、亚洲基础设施投资银行等重大倡议，引起了全球范围内的强烈共鸣，得到广泛响应。与此同时，中国政府不断巩固和深化重要的双边合作机制建设。

中国的努力，进一步提高了发展中国家在国际多边合作中的地位与发言权，推动国际合作机制顺应全球形势变化，更加公正合理地体现和反映相关各方的意见与诉求，更好地凝聚全球共识和力量，有效维护并不断促进世界和平发展的主流趋势。

某种意义上讲，历史意识有多深，前瞻意识和全局意识就有多强。正是基于深厚的历史意识，强烈而清晰的前瞻意识，广泛而理性的全球视野，习近平主席提出并一再阐释和强调"人类命运共同体"意识。为了推进"人类命运共同体"建设，合作共赢就是全球治理和多边机制运行的主旨原则。要使这一原则得到切实贯彻与遵循，充分尊重各方关切的平等、民主式的广泛参与，共商共建共享，就是必须努力予以保障的。在这一基础上，共同探索创新发展理念，务实合作，循序渐进，巩固并不断促进联动式普惠发展。

所有这些探索，尤其是发展中国家发起并奋力推

## 进一步的合作共赢：可期的主流国际形势

进的双边与多边合作机制，既是对以联合国框架为主导的传统全球合作机制的有益补充，也是一种促动，促进传统全球主导框架机制的治理结构与时俱进，顺应历史潮流不断进行调整与改革，使之更加公正、合理、务实、有效。

毫无疑问，合作共赢是当今世界的主旋律。尽管个别局部地区的对抗、动乱、恐怖、战事不时发生，但这一主旋律无可改变。这既来自人类历史的积淀约束，绝大多数全球公众从内心深处对战争是厌恶和排斥的，也来自上述双边多边区域性和全球性协商治理机制长期建设巩固的保障。

在这种大的主流形势背景下，全球精英更应本着大气大度的精神，顺势而为，顺应民意，求同存异，务实担当，搁置分歧，相向而行。全球主要精英的这一努力方向，就当前和今后一段时期看，是可信的，也是可预期的。

当然，这种乐观的预期，并没有掩盖和轻视无视这个世界的阴暗面。但是，那些阴暗面相比历史上的任何一个时期，现在都被极大地抑制和压缩在最小的范围内。而且，这些阴暗面的进一步压缩，更不用说根除，都需要全球主流力量的乐观情怀和预期。乐观向上，永远是解决棘手问题的钥匙。对此，凯恩斯的

下述提醒值得当今世界再次重温:

"如果我们遵循着乐观的假设,假设会变成现实。如果我们一直沉溺于悲观的假设,将会陷入贫穷之中而永远无法自拔。"

对于国际合作机制的建设,1944年7月22日,为标志着布雷顿森林体系铸就形成的《国际货币基金组织协定》达成并获取批准,而举行的仪式暨布雷顿森林会议(44个国家参与)闭幕招待会上,时任美国财政部长的摩根索的致辞,今天同样值得重温:

"他谴责了'漫无目的、毫无意义的竞争与对抗,以及直接的经济侵略。'这些行为将全世界带上了'一条陡峭的、灾难性的战争之路……这种极端的民族主义,属于一个死去的时代。今天,各国开明自利的唯一形式就是达成国际和解。'"[①]

以上,便是我在临近2016年时对国际形势的一点分析和判断。

(写于2015年12月21日,以《百年寻梦:人类命运共同体》为题发表于2016年1月20日的《上海证券报》专栏版)

---

[①] 转引自本·斯泰尔:《布雷顿森林货币战——美元如何统治世界》,机械工业版社2014年版。

| 第三篇 |

历史与思想

# 叙事中的历史，历史中的叙事

　　他站在北极的冰原上。满眼是冰雪。除了冰雪还是冰雪。

　　一望无际。平坦的，突起的，都是一样的冰雪。

　　一个纯白洁净的世界。

　　他挺立在那里，很显眼，又什么也不是。

　　放宽视线，他便迷失在茫茫的洁白中。他却没有感到任何失落。庄严，骄傲，幸运，盈满他的心间。除此之外，再没有什么别的。

　　他在静谧中陷入沉思。是一种放松而愉快的思考。没有特定的目标，随意而散落。没有任何膨胀和焦躁，只有这冰原透出的浸凉与冷静。

　　他有着从来没有过的理智。过往的一切，只要他愿意，就可以清晰地打开并串联在一起。未来，他也一眼能看清。

视野所及，不见其他生命。但脚下，他知道，是冰原覆盖着的北极海洋，在干净清澈得液态氮一样的海水里，有着无数顽强的生命，是最值得惊叹的生命群体。

庞大的纯洁生机，直接传导给冰原上的他，赋予了他强大的力量。

以上这几段文字，可以作为一篇小说很好的开头。随之，将铺叙开一个很吸引人的故事。如果你感兴趣，不妨试试陈述开去。

小说，典型的叙事格局。

一提到小说，似乎只是19世纪的事情。现在是微信时代。多写多看一个字的边际，好像就会使人们崩溃。太多的人，却又神经官能症似地一遍遍刷屏手机，不知读了多少碎片式文字。

即使是微信，也是一闪而过的流行方式。接下来是什么时代，不得而知，但估计也许更加即时和碎片化。

社会科学研究中的所谓后现代主义，对"叙事"有些不以为然。但如果离开了叙事，真不知将人类的交流尤其是书面交流方式引向何方。

不管如何，至少迄今为止，无论哪个学科，抑或人类的管理实践活动中，叙事仍然是一种基本的记录交流方式。

客观陈述，诸如历史学、经济学甚至自然科学的试验记述，均是一种典型的叙事。小说，有着人为设计和虚构，也是一种叙事。

其实，小说在叙事方面，有着更为广泛而灵活的优势。通过不同人物与情节的恰当安排，小说可以将平常无法或不能或不便系统表达的意见观点，很自然地表达出来。小说中的叙事，可以是客观陈述，也可以是夸张甚至虚幻式的描写；可以有纯粹逻辑推理式的分析，也可以有平铺直叙的言说。小说，可以将不同的学科知识、宗教俗世很好地综合在一起。

小说，不仅仅是消遣和娱乐，还是一种时代记录，作为其他学科研究的素材。相对于逻辑化理论化的科学作品，哪怕是评论文章，恰恰是消遣和娱乐色彩，使得小说更容易被不同人群接受，从而更加有效地负载传播更多信息、言论、观点和思想，影响也就更加广泛和久远。

哲学研究中，经常将特定小说作品作为对象，对其故事产生的时代、人物、事件进行剖析，以烘托和佐证某个哲学思维、理念和观点。

数据罗列与计算，方程式及其组成的复杂模型的建立与验证，数理推导与解读，都是经济学研究中必要而有益的方式与工具。但仅仅这些，并不是经济学全部，更不是经济学的真谛。只是或主要由这些构成的经济学著作，已是汗牛充栋，但肯定成不了畅销书，故而影响有限。

有一本经济学著作，成为了 2014 年以华尔街为主的英语世界的畅销书，学术价值同样显著。

BBC 报道，这本最初用法语写成的经济学著作，尤其作者还是位左翼法国经济学家，却成为英语世界的畅销书，有些不可思议，也使这位作者及其著作变得更加瞩目。

据报道，2015 年 1 月，法国政府决定授予这位年轻（1971 年生）学者一个最高荣誉奖（法国荣誉军团勋章），却未曾料到他如同 20 世纪法国的萨特被授予诺贝尔文学奖时的情形，拒绝接受。对此，他做出解释说，政府与其花时间精力金钱颁发这样的奖项，还不如集中力量将经济增长和繁荣促进起来。其实，考虑到最初他不遗余力地支持奥朗德的政策，到后来转而表现出失望并批评奥朗德政府，对其拒绝领奖并给出的上述解释，也就没什么惊奇的了。

他，就是 Thomas Piketty（托马斯·皮凯蒂）。他写的那本洋洋洒洒的畅销书，即为 "*Capital in the*

*Twenty – First Century*"（《21 世纪资本论》）。

托马斯的这本书之所以成为畅销书，在我看来，主要基于两点：一方面，这本书系统分析了财富与收入分配的演变历史（至少三个世纪，涵盖 20 多个国家），对财富与收入分配的不平等给出了令人信服的解释，并出具了政策建议。而这是在过去一波全球化过程中，尤其是 2008 年源自发达国家的全球性金融经济危机与政治动荡过程中，人们普遍切实感受到也是最为关心的问题。这样一本经济学著作，出现在了恰当的时间，自然引起了人们的共鸣。这得益于这位学者从美国那种有些焦虑嘈杂又有些过度数学化的经济学研究教学环境中脱离出来，返回法国，安心潜心搜集整理广泛又可比较的历史数据资料（Much More Extensive Historical and Comparable Data）的努力。

另一方面，他是以一种典型的"叙事"方式与笔调（Essentially a Narrative，P. 2），在由特定概念、定义、逻辑构成的理论框架下，对他精心搜集整理的历史数据资料和事件进行陈述、分析和运用，从中得出其观点和建议，展示出他的观点和思想。托马斯不仅一点也不排斥包括文学在内的其他学科，他还特别强调经济学应当与其他社会科学融合，这使得他的叙事特别亲切，极大地拉近了与不同读者群的距离。如此，怎么可能不成为畅销书呢？

关于对财富与收入分配，托马斯开篇就强调19世纪小说家的观察、体会、描述、分析研究，不说一点也不亚于经济学家，至少是经济学者很好的参考。他在书中多次提到英国的简·奥斯汀和法国的巴尔扎克，以及他们那耳熟能详的小说佳作①。

针对经济学过度数学化，而与其他社会科学学科过于割裂开来，尤其是将历史遗忘掉的现状，托马斯则是特别强调应将各个社会学科结合起来，经济学多向其他社会学科学习借鉴，他更是对读者直白，他的这本书，既可以当作一本经济学著作来读，也可视为一本历史书（In My Mind, This Book is As a Work of History As of Economics. P. 33）

在我有限的阅读视野内，与托马斯这本书有异曲同工之妙的，是林毅夫教授于2012年写作出版的《繁荣的求索——发展中的经济如何崛起》，也是在将

---

① Indeed, the novels of Jane Austen and Honore de Balzac, paint striking portraits of the distribution of wealth in Britain and France between 1790 and 1830. Both novelists were intimately acquainted with the hierarchy of wealth in their respective societies. They grasped the hidden contours of wealth and its inevitable implications for the lives of men and women, including their marital strategies and personal hopes and disappointments. These and other novelists depicted the effects of inequality with a verisimilitude and evocative power that no statistical or theoretical analysis can match. Thomas Piketty, Capital In The Twenty – First Century, P. 2, Cambridge, 2014.

经济学概念与理论拿来深入浅出、融会贯通，并大量借用包括电影在内的文学作品的叙事方式。只不过，后者用来展示其发展经济学理论与实践，也就是林教授所称的"新结构主义经济学"，前者是集中体现对财富与收入分配理论和实践的研究。

可见，小说是一种很好的载体。经济学者，如果能够直接拿小说为作为叙事载体，来展示他的观察、分析研究、观点、思想以及语言表达能力，未尝不是一种好的尝试，只要他有强烈的兴趣想去尝试。当然，我这里只是说那些有了一定经济学分析积累并有着一定生活阅历的学者，而不是攻取学位的在校学生。

这就像可作为小说开篇的本文开头，那个站在北极冰原上的人，脚下的海洋连同海洋中的生命群体，可以给予他强大的生机和力量，可以使他在强烈对比中放眼全球。当然，能够站在北极的冰原上，已经是一个意志力与生命力的强盛者，也是一个幸运者。

各个学科，只是人们观察描述分析世界的工具。探索世界的真谛，是那个"罗马"，其他都只是"道路"。

（写于2015年3月31日，以相同的题目发表于2015年6月5日的《上海证券报》专栏版）

# 历史杂谈：战争、理性还是博爱

　　历史似乎只是文本上的。人类靠着文本，记录和阐释过往的人、事以及环境变迁。历史的功用很大程度上取决于阐释，阐释也在遥控甚至创立着历史。

　　至于真实的历史情境，固然客观存在着，后人却很难完全说得清，何况不同的人对同一事件的认识也不同。这为后世的历史阐释留有了巨大空间。某种程度上，真实与否并不是人们关心的全部。

　　不只是中国人，几乎全世界的人，都有着历史崇拜倾向。人们在心理上对遥远的历史怀有浪漫的想象，而对现实总存有种种不满。否则，"世风不古"或者"世风日下"的说法，或者类似孔子所说的"周在而周礼不在"，无论是西方还是东方，也不管是哪个时代，怎么都存在着呢？

这一倾向的极致，就是对人类原始状态的推崇。这一方面的代表是卢梭。他认为，"自由平等博爱"是解决18世纪法国甚至无论今后什么时代全人类问题的法宝，也是理想社会的标志。他受人类原始状态的启发而提出这一最高原则。在他看来，原始状态的人类，生活和心理都是简单的，不仅是自由平等的，而且犹如兄弟姐妹，相互间拥有无私的爱，你中有我，我中有你。也只有博爱，才能最终解决人类的纠纷。

卢梭由此倡导时下的人们应做"高贵的野蛮人"。所谓高贵，无非是指不沾染奴役和剥削他人的恶习；所谓野蛮人，则指不受假惺惺的文教拘束。他也因此强调，爱和真理只存在于茅屋而不是宫殿，他反对一切奢华，甚至否定艺术与雅致。这倒是有些像印度的"苦行主义者"。

对人类原始状态有偏好倾向，或者拿来作为历史阐释与寻求人类组织改进逻辑起点的，比较典型的还有霍布斯和紧随其后的洛克。霍布斯同样将人类的"初始状态"想象成为自由平等的，但不同于卢梭的是，在霍氏看来，正因为相互间是自由而平等的，势必会引致"所有人与所有人的战争"。这种战争终将导致那个一手执权杖一手执剑的庞然大物"利维坦"

的出现，也就是作为"巨灵"的全能性政府，从中做出强制性统筹仲裁，才可最终解决问题，使战争平息下来，否则，所有人就有可能被这种普遍的战争所毁灭。由此，霍布斯提出了"自由平等战争"。

洛克既没有霍布斯那样的悲观，也没有卢梭那样的乐观，因而也没有对人性非善即恶的秉持，而是主张以理性来解决人类之间的纠纷，所以，他提出了"自由平等理性"。

不管是霍布斯界定的"初始状态"，还是卢梭的"自然状态"，都是一种对人类原始状态想象的崇拜倾向。在这三位哲学家看来，人类的原始状态都是平等和自由的，也都承认由此会引发人类的纠纷。只是，对于纠纷的解决方式，三人各有主张。从霍布斯的"战争"到洛克的"理性"再到卢梭的"博爱"，体现了不同的人性论，也反映了不同的历史解读和阐释。

仅就这三种阐释看，到底哪种更有说服力呢？不妨让由西向东的三个大陆国家的近现代历史印证一番。

即便只是在法国，法国大革命的发生与后续震颤也有近一百年的时间。自1789年5月路易十六被迫允许召开自1614年就中断了的三级会议开始，到

1792年8月路易十六失去全部职权前,可算作大革命的第一阶段,目标是制定君主立宪;1792年8月至1794年7月是第二阶段,革命走向极端,伴随着大屠杀的是恐怖统治。

此后均为大革命引致而成的震颤。这包括1799年11月拿破仑兵变前的五年"五人执政"时期,1799年底开始到1815年的拿破仑战争及其第一帝国,其后又经历了1830年、1848年和1870年革命,期间旧王朝复辟、拿破仑三世出头、共和国重建不断相互交替。前后历经近百年,才终于建立起了一个有着民主政体和市场化经济体制的现代共和国家。

俄国1917年先是爆发二月革命,旨在推翻尼古拉二世的沙皇王朝,成立了以克伦斯基为首的临时政府;随后的十月革命,推翻了临时政府,成立了以列宁为首的布尔什维克新政权;次年进入了长达三年的内战;1921年3月列宁宣布"新经济政策",到1927年斯大林宣布停止;之后进入了斯大林以"大清洗"起始的统治时代,一直到1990年苏联解体。

如果从鸦片战争算起,中国的革命到现在已有150多年,即使从戊戌变法的百日维新算起,也有100多年了。先是清廷被迫试图通过君主立宪挽救王朝,归于失败而终致辛亥革命;清王朝覆灭后的共和国，被袁世凯篡夺称帝；之后走马灯式的军阀主政与混战，被蒋介石结束并实施了独裁统治；历经国共两次合作两次失和而起的内战，期间穿插着抗日战争，毛泽东领导的共产党最后将蒋氏政权赶往台湾而主政中国大陆。

这是横跨欧亚大陆的三个主要大国的长期革命史简略缩影。尽管他们存在很多不同，但都是长期实行封建甚或农奴制的农业国家，工商业经济相对落后于那些非大陆国家，社会呈现明显的金字塔式结构，上下层严重分离，各层之内也有分离，等级明显，处处时时显示着严重的不平等。

三国的革命均从上层社会试图制定君主立宪开始，因不能满足广大底层社会的要求而爆发推翻王朝的革命。革命一旦爆发，无不伴随相当一段时间内底层公众的群情过激，将传统社会的一切都推倒，这一情形及其导致的结果，正如历史学家黄仁宇教授借霍布斯《利维坦》第五章内容对1917年俄国的描述：

"国体解散，全民恢复到初民之绝对自由与无政府状态。虽说实际并无'所有人和所有人作战'的状态，但群众各行其是，不听约束。在很多情形之下，群众之激进，尚超过布尔什维克之预料。在这种情形之下，环境所需要的不是宽大温和的政治家，而是

'巨灵',一个带全能性且具经济性格的现代政府。"①

不是吗？拿破仑的独裁专制帝国，斯大林的高度集权计划体制及其专制，蒋介石的独裁专制，并不仅仅是他们个人性格和政治野心使然，而是大革命后的无政府状态，最终近乎不可避免地引致了霍布斯笔下的那个"利维坦"——超级全能性政府，只不过，历史环境与这些个人的潜质使他们成为这个"利维坦"的代表或化身。

问题是，这种庞然大物的"利维坦"可以终结那种无政府状态，确保一定的秩序，却又走向了另一个极端，终将不可持续。于是，或者再次革命，或者自行"解体"，或者通过改革，将那种无所无时不在的全能性政府状态过渡到一个民主协商政体与市场经济相互支撑相互促进的"理性"状态。

由此可见，自由平等是人类普遍的向往与需求，长时间过于限制自由而不平等的状态，必然引发"推倒重来"的革命。而"推倒重来"，将传统社会荡平，恰恰是建设一个新社会的必要条件。这有些像熊彼特的"创造性的毁灭"。只不过，伴随荡平旧有传

---

① 黄仁宇：《资本主义与二十一世纪》，三联书店2006年版，第477页。

统秩序而来的是一段高度集权的全能性政府干预，期间会发生类似霍布斯式的"所有人与所有人的战争"，然后才可能进入洛克的"理性"状态。

就此而言，解决"自然状态"或"初始状态"中人类问题的方式，历史似乎偏向于霍布斯，其次是洛克。而卢梭的"博爱"，犹如中国春秋战国时期墨子的"兼爱"，仅仅是一种道德诉求，听着好，但不实用，在庞大的群众性历史洪流面前，势微而无能为力。

（写于 2013 年 12 月 15 日）

# 故事：瞬间的无聊、虚无与超越

那只是一个故事。你也是一个故事。他或者她呢？当然也不例外。故事者，最终只会是一个过去。

故事里的事，可真是"是也不是"。是还是不是，从来就不重要。故事，像云朵也像烟雾，游弋不定，瞬间即无；顶多像这初冬的树叶，散落飘零。

自有人类以来，总有闲不住的沉思者，他们成就了一个个记录在案的故事。他们能够抓住"瞬间"，从中做起一长串的文章。有的能从"散落飘零"中看到"汇集收拢"，从中演绎他们的理论。他们成了为数不多的被记住的故事者。他们被称作哲学家。

19世纪的丹麦哲学家克尔恺廓尔，是将"瞬间"作为哲学概念进行分析的最早揭幕人。他的"瞬间"是宗教意义上的。当上帝，基督的福音和救世主，在向你召唤时,上帝就闯入了你的生活,你与基督"同时"生存在一起,将你和上帝分开的历史时间已然消逝。那个"瞬间",是你把握到绝对真理并做决断的时刻,因而成为了一种"经典"。

克尔恺廓尔的"瞬间",意味着同"整个他人"的一种许诺关系,即"闯入整个他人之中"。昭示着一种骤然的转变和解脱。其哲学意义在于,要在时间的断裂处而不是在时间的连续性中寻求真理。这种对物质与精神生活稳定性的瓦解甚至否定,是鼓励人们逃避安逸,时刻怀揣一颗冒险的心,努力在各个瞬间的峰尖上寻求平衡。

写到这里,我想起了一位活力十足令人喜爱的法国演员苏菲·玛索。在其48岁接受的一次采访中,她说自己是个闲不住的人,喜欢体验新挑战,最好是能新鲜得吓人一跳,太安逸的生活,会把她的创造力磨没了,也会让她自己找不到自我。说苏菲是克尔恺廓尔"瞬间"哲学的不经意实践者,似乎没什么不妥。本来嘛,克氏哲学就属于一种人生哲学。

克氏之后,尼采是演绎"瞬间"概念的另外一个揭幕人。尼采的"瞬间"概念已然不再是克尔恺廓尔的那种宗教和绝对真理意义上的了,因为在尼采那里,"上帝死了",没有什么绝对真理。尼采所指的,

## 故事：瞬间的无聊、虚无与超越

只是一种"伟大解脱"的瞬间，是"自由诞生"的瞬间，是对常规习惯突破的瞬间。

尼采的"瞬间"，是一种震动撕裂，是一种驱动和力量，是一种对未知世界强烈而又危险的好奇，是对加诸自身"责任"的一种惊愕、狐疑和蔑视，充盈着激动、撞击和自我加强型的紧张，最终成为一种超越。所以，尼采在讲述他的"瞬间"时，满纸是突然、地震、闪电、火山喷发的隐喻。

无疑，尼采的"瞬间"充满着紧张，而这种紧张来源于那种"伟大解脱"的震撼，来源于自由和自主自发性。"伟大解脱"，既来自也铸成了一种"虚无"。总之，尼采的"瞬间"是一种"非常状态"。但只有从非常状态出发，才能看清常规生活中所隐藏的一切。正如尼采的结论："正常无所证明，非常证明一切。"

到海德格尔，他承接、综合并发展了克尔恺廓尔和尼采的"瞬间"概念。海德格尔的"瞬间"，既体现了克氏的"闯入了什么"，也体现了尼采的"冲破了什么"。同样是一种非正常状态，是一种时间的断裂，体现着决断。不同的是，海德格尔的"瞬间"，强调的是一种感受。

那是一种什么感受呢？是一种充盈着畏惧惊恐、

无聊、虚无和良心呼唤的感受。这样的感受里显示了海德格尔醉心研究的"人类存在"背后的"人生此在"的本真本己性实质，并使"人生此在"的全部秘密得以显现，意味着一种自明性的冲击，使得"人生此在"从"散落飘零"中回归自身。

"散落飘零"什么？是海德格尔那个本真的"人生此在"。"人生此在"散落飘零在由躯体、自然、社会和文化构成的"世界"中。散落飘零中的人生此在，却始终有一种"原初的肯定性强力"，不时地发出聚集收拢的信号。这两者相互作用，互为前提与渊源，使得人生此在于散落飘零与聚集收拢之间来回摆动。这种摆动恰恰就是"人生此在的整体"，除此之外，它一无所是。而要观审这一"人生此在的整体"，只能寄于哲学思考。

从散落飘零中聚集收拢，需要一种"自明性的冲击"："一种真正的感受的瞬间"。海德格尔进一步将这种冲击归结为"畏惧、无聊、虚无、良心的呼唤"。

在那一紧张、断裂、居无定所的"瞬间"，人生此在被推入畏惧的情绪。对因上帝和绝对真理消逝而产生的畏惧，海德格尔鼓励人们要有勇气去面对。畏惧可不是那种只是针对具体对象的小打小闹的"害

故事：瞬间的无聊、虚无与超越

怕"，而是面对无边无际的不确定性世界的惊恐，这种惊恐随时可在人的内心发挥强有力的作用。只有虚无才能将畏惧吸收，因为畏惧的真正对手是虚无。同时，"畏惧展示了虚无，我们'飘'在畏惧中，更清楚地讲，畏惧使我们'飘飘然'，因为它使整个实存从我们这里滑落。"①

"滑落"是一种"淘空"，淘空助长着"空无的畏惧"，产生着"一无所是"，带你进入无聊之中。人生此在只有在那无聊的瞬间，才真正体会到虚无，感受到时间的真实存在，才会听到良心的呼唤。所以，海德格尔讲"人是给虚无占位子的"。

淘空中又滋生着"收紧"。这一收紧的力量来自虚无中听到的良心呼唤。收紧力量的聚集增强，最终促成了超越。超越什么？超越畏惧惊恐，超越无聊和虚无，超越对稳定与连续的幻想，突破旧有的束缚与负担，在虚无那无底深渊滑落中猛然挺起，将散落飘零的本真本己的人生此在收紧聚集汇拢，跃出那虚无的黑洞，走出那黑夜，进入新的自由。

由此，海德格尔总结道："人的超越是……虚

---

① ［德］吕迪格尔·萨弗兰斯基：《海德格尔》，商务印书馆1999年版，第244页。

无。"只有对虚无的体验与超越，人生此在才可获得一个广阔的开放领域，得以生存与发展。没有对虚无的体验，你将永远无法打开那个广阔空间。而这需要首先承认虚无。在海德格尔看来，愚蠢的恰恰是，人们总是试图营造一种稳定而连续的居所，无论是精神上的还是物质上的，因此而想方设法地掩盖断裂、畏惧惊恐、无聊，否认虚无，否认恶的黑夜的存在，总想在所谓自己创造的精神文化生活中获取安逸，甚至图谋一劳永逸。针对这种文化的片面性和单向度性，海德格尔一针见血地讽刺批评道："现代人把黑夜当成了白天，人就像理解白天一样，把黑夜理解为一种忙碌，一种狂欢。"[1]

在海德格尔的哲学里，没有安逸的居所和栖息处。有人评价说，海德格尔在哲学史上"第一次使人惊恐不安，强迫他回到无居所性中，由此出发他将重新向新文化逃窜。"[2] 这种"逃窜"所依赖的条件和产生的结果是："若人生此在可以向虚无超越时，它也可以把实存整体当作什么东西来体验，使实存走出

---

[1] ［德］吕迪格尔·萨弗兰斯基：《海德格尔》，商务印书馆1999年版，第250页。
[2] ［德］吕迪格尔·萨弗兰斯基：《海德格尔》，商务印书馆1999年版，第256页。

## 故事：瞬间的无聊、虚无与超越

虚无的沉沉黑夜，步入存在的灿烂光明。"① 这也正是海德格尔"人生此在"哲学的意义所在。

克尔恺廓尔也好，尼采和海德格尔也罢，都是已然过去的故事。不过，这些少有的故事不断影响和启发着注定也要成为故事的人们。启发归启发，但任何人的故事都给不了你安逸，你也不可能沉浸在任何一个故事中，否则，就像苏菲所道出的，太过安逸你就找不到你自己了。还是用揭开故事真相的海德格尔的下述结论结束我这篇读书笔记吧：

"人生此在的生存的最高形式，是返回到人生此在十分罕见的瞬间，它在人生此在的生与死之间持续，人生此在在十分罕见的瞬间中，生存在他的本己本真的、可能性的巅峰。"②

（写于 2014 年 11 月 30 日）

---

① ［德］吕迪格尔·萨弗兰斯基：《海德格尔》，商务印书馆 1999 年版，第 246 页。
② ［德］吕迪格尔·萨弗兰斯基：《海德格尔》，商务印书馆 1999 年版，第 256 页。

# 距离与空间

真理是距离，是空间。有了距离和空间，也就有了自由。所以，真理是自由。这是海德格尔面对着一切实在之物，不断发问和呼唤那个他心中的"存在"和"人生此在"，而进行顽强思维的哲学醒悟。

如果没有距离和空间，一切都是沉寂，了无生气。就像海德格尔的传记作者吕迪格尔的一个形象比喻，正因为车毂处存有恰当空间，轮子才可以活动，才能驱动着车辆前行。

海德格尔的"人生此在"只是那个本己本真性的存在，是需要通过哲学思考努力才能发掘和把握的。人们所能看到并习以为常的，不过是非本己本真性的生存现象，是"常人"，是"常规生活"。而常人并不是你自己。在常规生活中，"人人是他人，无人是自己"。

那个公共领域的"存在",肯定不是私人领域的"实在"。在企图抹掉私人领域的所有时代,是典型的"无人是自己"的时代,虚假弥漫一切,每个人都不是完整而真实的。没有私人的空间,也就没有本真的自由。没有个体本真自由的社会,一定是个没有信仰和底线的沉闷而又浮夸的社会,每个人在欺骗他人的同时,也在欺骗自己。

如果不能与常规生活拉开距离,不能从常人世界中确认并找回自己,你不仅不能概观生活世界的整体,更无从把握那个"人生此在"的本己本真性,你不可能获得真正的自由,也就无从反思并引导你的人生。缺乏了自主引导的人生,就像没有锚链也缺乏目的的一叶破败小舟,只是在茫茫海洋上随风漂流,看似悠在自由,实则行尸走肉。你活着,其实已经死了。

对海德格尔来讲,"生活在别处"。这需要不时从常人世界常规生活中抽离,远远地冷眼观望。只有在这种距离中,他才能得到空间,获得自由和生气。这种人生存在,不是只能存活于水中的鱼,一旦离开水,就没了生命;而是那种时而在水中飘游时而登上陆地观望水塘的两栖生物,需要不时爬到岸上的巢穴里观察思考修整探究。

可见，海德格尔的"人生此在"，是一种个体性私人领域中的"实在"，不是"常人"，不是"常规"，而是"自己"，是"非常"。一如在尼采那里，海德格尔同样信奉"非常证明一切"。

沉浸在这一思维中的海德格尔，需要孤独并享受其中。为此，他才登山而上，去寻求并建造他的"林中小屋"，营造一种个体的、私域的、本真本己的孤独氛围。他只有在山上的林中小屋，才能从整体上观审山下常人世界的常规生活，从非本真本己性中甄别寻求那个本己本真性的"人生此在"。

也只有在远离山下世界的那个孤独的林中小屋，他才能切实体会到时间的存在，深悟出人生存在只不过是时间性流逝。存在就是时间，是他对山下世界的呼喊。《存在与时间》，也是他走出林中小屋，双手捧给山下常人世界的文本。

海德格尔的呼喊得到回应了吗？当然有！只不过，有认可的共鸣，也有不认可的批判，还有雅斯贝尔斯的"看不懂"——却深深感受到了海德格尔身上的强大哲学气场。海德格尔对"常人"和"常规生活"的不屑甚至否定，就受到了他那个特殊学生的反对与批判。

一开始紧紧追随海德格尔的汉娜·阿伦特，却对

## 距离与空间

她这位老师的哲学有着诸多的反思与批判。汉娜尽管同意她老师有关人类的世界性关联是一种筹措操办忧虑的活动,而不是一种认识性与理论性的存在,也同意这种活动是一个开拓开放性进程,但不同意老师将这种开放界定为只是对本己本真性的"人生此在"和时间流的开放,更反对将社会公众性排斥在开放性之外。

社会的公众性,也就是常人世界,在海德格尔看来,会"使一切昏暗不清",将隐蔽着的东西当成手头现成的东西。汉娜所谓的开放性,却恰恰一定是社会公众性,是那个"常人世界"的"常规生活",而不是那个又回到个体自身的孤独关照。使世界具有开放性的,不是海德格尔的本己本真性,而是"同他人商谈的高超技艺。"

汉娜的"世界",是一个可供人们不断谈论的世界,是"一种舞台式的开放性的空间:世界在人之间展开自身。"[1] 在这一舞台式的世界上,轮番或杂乱地上演着各种剧目,涵盖着爱情、妒忌、政治、战争、对话、教育、友情、荒诞等。由这一舞台走出的

---

[1] [德]吕迪格尔·萨弗兰斯基:《海德格尔》,商务印书馆1999年版,第508页。

人类历史，从根本上讲并不是一个过程，而是"一种事件断断续续的发生"，事件是由人的行为活动的相互冲突的多元性造成的。因此，汉娜的开放性，就是一种多元性意识下的社会公众性。于是，汉娜干脆以《常规生活》来命名她的一本哲学著作。

作为犹太人的汉娜，从德国的死里逃生，是那个时代的受害者，对纳粹的极权和种族主义深恶痛绝。她定居美国后的哲学研究，不再追随海德格尔的"非正常"，而是将哲学思考深植于公众政治生活中，揭露和鞭挞极权专制主义的源起与罪恶，最终成就了一位著名的政治哲学家。何况，海德格尔在纳粹期间还有不光彩的一面，更使汉娜慎重对待这位老师的哲学观点。她强调常规生活和常人世界，论证世界的可谈论性，维护多元性，倡导"重新开始"，看重"诞生"而不是海德格尔的"死亡"，强调世界的共有性，以此不断发展她的民主概念："民主维护每个人在相互共有中保有自己重新开始创新的机会。民主的重大任务是学会在不一致中生活。"[1]

汉娜超越了她那位老师了吗？在我看来，没有。

---

[1] ［德］吕迪格尔·萨弗兰斯基：《海德格尔》，商务印书馆1999年版，第511页。

汉娜的哲学，起点是海德格尔，终点又深陷她那位老师的哲学思维车辙之中。

其实，两人只不过对于人类存在和常人世界从不同角度去观察与思考罢了。海德格尔的"世界"也是可以谈论的，只不过是抽离开来，在远远地冷眼观望中加以谈论，是一个人的独自评析。通过距离给予评论者一些空间，从而评析得更加自由自主些。海德格尔将开放性归于本己本真性，是为了更好地把握人生存在，以便对个人生活有所引导，不至于失去自我。海德格尔的"死亡哲学"，在那个"伟大时刻"之前只是未来的一种可能性，分析这种可能性是为了在坠落的深渊中能够反转挺起，跃出那个黑暗的深渊。这和上述汉娜"重新开始"的"诞生哲学"，可谓殊途同归。

"因为人对他所做之事不可收回，尽管人们不知道，或不能知道他在做什么，于是便有了医治这种不可收性的手段：人有能力原谅；而用以治疗不可预见性，针对未来的混乱的不确定性，人具有了另一种能力：承诺，并信守承诺。"

汉娜在《常规生活》中的上述结论，同样有着海德格尔《存在与时间》的影子（虚无中的开始与超越）。

（写于 2014 年 12 月 7 日）

# 大盈若冲

"大成若缺,其用不弊。大盈若冲,其用无穷。大直若屈,大巧若拙,大辩若讷。"老子经意不经意间的这一缕缕稔熟之语,如满天和风,飘逸之中袅袅冉升,拂过千秋万代。

的确,没有完全的圆满,即使有,也只是一种终结和破落,故而只存在有缺憾的美,抑或瑕不掩瑜。太过饱满,不可持续;只有留有余地,方能不断吸收可供补充的力量,才可经久所获,达致大盈。最正直清白的,反而好像有些扭曲;看着笨拙的,也许是最聪明的;最雄辩的,倒是显得木讷。

有一种酒杯叫"戒盈杯"。设计这种杯子时,在一定位置上打洞,酒倒的适量就不会流掉,如果超出七成,酒就会流出。这可真是"大盈若冲"在日常生活中的体现，亦在提醒人们"凡是不可过满"，显现着老子式的智慧。

达到一种极致时，反而显出一种相反的状态。如果不是这样，那就离极致还远着呢。人也不能老想着一定要达到极致，那是一种极端心理。如果极端，尽管很刺激很决绝，甚至很蛊惑人心，却限定了自己的视野和立足之地，终将不可持续。在这一意义上，孔子的"中庸"与老子的上述劝诫有着相同效果。

这使我想起了屠格涅夫在小说《父与子》中塑造的两个典型人物，及其所要表达的理念观点。这本小说是以19世纪50年代的俄国社会为背景的。作为深沉的现实主义作家，屠格涅夫敏锐地抓住了当时俄国自由主义者与革命民主主义者彻底决裂中的社会态势，这两股进步力量对社会变革的不同诉求，及其背后价值观的差异。

小说中的巴扎罗夫，一位医学专业的年轻大学毕业生，被屠格涅夫塑造成一位典型的平民知识分子和革命民主主义者代表。他年轻而活力十足，坚强沉着也自信，注重实际行动而专心于科学实验。但他不相信任何准则，只相信感觉，一切取决于感觉。不仅不尊重任何传统，反而对现有一切予以全面无情的否定。不相信历史逻辑，认为逻辑什么也不是，什么也证明不了。他的额头上永远贴着"否定一切"的标签，他没有建设，只有满心思的"将地面打扫干净"，因而是一位彻底的虚无主义者，极端的无政府主义者。这又让人想起法国的卢梭，德国的尼采，中国的鲁迅。

巴扎罗夫不但绝对瞧不上贵族，无论是那种妄自尊大、装腔作势、纨绔习气充满全身的"没出息的贵族"，还是那些自视或他视为开明、进步的自由主义派贵族，一律被他视为"老古董"；他也取笑仆人农民等下层人士，尽管后者将他视为自己人，对他几乎都有好感。他虽然只相信感觉，可是他抵触甚至敌视一切浪漫主义激情，视文艺复兴时期的拉斐尔"一文不值"，反感文学艺术，对所谓的美异常冷淡，甚至将哲学也看作浪漫主义，而认为统统是腐朽的胡说八道，对一切关乎心灵感受的诗情画意都冷言冷语，极力躲闪。

帕维尔是另一个典型人物。这是位开明、进步的贵族，自由主义者的代表。他原先一直在彼得堡的贵族圈里，因与一位贵夫人坠入爱河而深受其伤，被邀请回到弟弟的农庄里居住一段时间。

尽管在乡村，帕维尔仍然衣着得体，举止优雅，书房古朴而讲究，谈吐不俗。他的起居基本上是英国式的,平常在公共场合冷漠而寡言。即使偶尔说上几句,也是英国自由主义的理念与表述,惹得旧式地主又怕又恼,但他也不主动取悦年轻一代。

他风度翩翩,诚恳善良,刚毅严峻,在彼得堡时就频频招女性青睐喜欢,即使在乡村,他的风度也赢得新老两代人的尊敬。他对现实并不满意,希望变革,但他信奉准则,讲求信仰,尊重传统中好的方面,主张首先肯定"文明果实",然后才是否定,建设为重。

其实,帕维尔有着铁一样的坚,冰一样的冷,不仅不是一个浪漫主义者,反而有着那么"一点儿法国厌世主义",并不善于幻想。但是,他肯定文学艺术,也不排斥浪漫主义情怀。

在屠格涅夫的笔下,这两位典型人物终于相遇了。不用说,一相遇就是激烈的冲突,互不认同,相互瞧不上,观点几乎完全相反,甚至互相敌视。

在帕维尔看来,巴扎罗夫狂妄放肆,目空一切,没有一丁点儿敬畏,态度傲慢粗暴,说话有气无力,对什么都心不在焉。巴扎罗夫则反感甚至仇视帕维尔的一切,无论是他的贵族仪容,还是他的拿腔拿调,更讨厌他时不时夹杂一两句英语法语或德语所表达的观点。不管帕维尔如何雄辩阔论,巴扎罗夫一律视其为"没有出息"和"无所事事"的什么也没用的空谈。

在不多的几次交锋中,被激怒或感到受凌辱的,多半不是巴扎罗夫,而是帕维尔。在两人没有见面之前,仅仅听帕维尔侄子的介绍,巴扎罗夫就开始瞧不上帕维尔,更没有好感。待有所接触后,总抱着好好争论一番讲个明白甚至怀有教训教训对方之想法与冲动的是帕维尔。而一旦交锋,无论帕维尔如何扬起雄辩的旗帜,鼓满各种准则信仰的风帆,巴扎罗夫都总是懒散而傲慢地用一两句话就给顶回去了,他那无所谓的态度和没有底线的虚无主义,越发令对手恼怒。然而,越是恼怒,帕维尔越是拿对手没有任何办法,不仅说服不了人家,反而使自己破绽百出。这就好像一个轮胎,总以为充气越满就越是坚硬,越能碾压一切,殊不知,越是气满,越容易被一小根细钉扎破,成为废物一堆。

结果呢?那位不注重骑士感情更不用说柏拉图式恋爱,只注重女性"窈窕身段"和交往愉悦,反对一切贵族的巴扎罗夫,恰恰真心实意而又执着地爱上了美艳聪慧的贵族妇女奥金佐娃,却遭到了后者的拒绝。他因爱情失败而变得更加怀疑悲观,带着未遂之志遗憾地离开了人世。巴扎罗夫没有想到正是他自己，在现实生活中亲手将他的理论毁掉，他竭尽所能抑制天性而克制自己浪漫倾向的一切努力都归于失败。

那位贵族自由主义者帕维尔最终离开了俄国乡村，几近隐居到了德国的德累斯顿，一如既往地保持着开明、进步的贵族气派。不过，他也没有躲过爱的激情的撞击，终究"孑然一身，渐入黄昏之境，亦即惋惜如同希望、希望似同惋惜、老之将至、青春不再的岁月。"陷入了"无目的生活"的"可怕空虚"之中。

掩卷深思，这两个人物都是两个极端，都是两个悲剧性人物。相比之下，巴扎罗夫更加极端，但他并没有因为极端更具穿透力而成功。这两个人物自从塑造出来就具有争议性，足见屠格涅夫手法的独到之处。

现实观察，俄国似乎走了巴扎罗夫式的道路。然而，内战、集权、高度计划控制、解体，无不是一幕幕极端式痛苦。自20世纪90年代起，俄罗斯就一直处在回归"大盈若冲"的中庸之路上，但是，这一回归处处显示着艰辛，迄今也没有完全达到较为理想的状态。

智慧就是智慧。智慧不是知识。知识可以传授，智慧只能启迪。智慧的形成包含了长期历史的沉淀，其中既有痛苦也有幸福；智慧的启迪，并不是任何一个历史转折点上的任何一个人都能轻易领悟到的。

（写于2014年1月5日，以《大盈若冲的智慧》为题发表于2014年3月28日的《上海证券报》专栏版）

# 判断与算计

算计不是判断。这是汉娜·阿伦特在《共和的危机》一书中所强调的。算计当然不是判断，这应该是常识，汉娜只是将其哲学化了。

在汉娜看来，判断是思考继而意识之后的事情。思考不一定能够带来知识和力量，也不一定带来明确的意识。但如果没有思考，意识一定是模糊的，甚至没有意识。没有思考和意识，判断也就无从谈起。判断融合了思考和意识，进而含有认知、知识、理性和道德因素。这是汉娜在其《精神生活》中所要集中分析的三部曲。

算计在汉娜看来，只是一种说谎的支撑和依赖。算计是一种事实的罔顾和去除，也是对其他声音的屏蔽，谈不上任何一点公共理性和道德的影子，有的只是算计者自身的那点私利和猥琐心理。算计者一定是说谎者。

算计者就像余秋雨在《历史的暗角》中鞭辟入里而又赤裸裸地呈现出的"小人"。他们是裤裆缝隙里的虱子，是有机体的寄生者，时不时地探出头来，趁你不备咬你一口，维系着自己那肮脏的生存。他们是谎言谣言的制造者和传播者，他们只会在权势和舆情面前搬弄是非，肆意歪曲，蓄意挑唆，挑起事端，把水搅浑，只能带来伤害和污浊。他们永远是裤裆里的苟且偷生者，见不了阳光。也就这点出息。

算计里有精明。但精明成就不了判断，因为判断里沉淀着远见，而精明恰恰不含远见。裤裆里的虱子怎么会有远见?！正如余秋雨无情曝光的小人，虽然精明却无远见，因而终究控制不了局势，上不了台面，成不了大事。

成大事者，一定是大气者大度者，一定是热衷于思考并获得明确意识的远见判断者。他们是公共理性的倡导者、维护者、促进者。他们一心想提高公共事务的效率，尽早实现公共目标。为此，他们总想化繁为简，总是直言不讳，总是与人为善，总能一身作则冲锋陷阵，总是容不得半点懈怠。他们并不忽略公共事务的细节，却忘记了裤裆里的虱子，直到被咬，才知道还有这类猥琐而又平庸的恶劣生物存在。但这类下作的生物毕竟阻挡不了他们。他们很快会将带有虱子的裤子丢在滚烫的开水里,或者干脆换条新裤子,依然大踏步向前。

大气和大度,与算计者无缘。算计里没有公共理性的因子。算计者不但不是公共理性的倡导者和维护者,反而是公共理性的破坏者。所以,算计者总是牢骚满腹者,没有什么公共事务是他们认可的,他们总是不停地抱怨,嘴里的零碎比谁都多。算计者总是自负者,没有谁是他们真心对待和认可的。但他们又是自卑者。越是自卑,就越是用自负和牢骚来装潢与掩饰。正因如此,算计者才有的是时间来算计,也有足够的内在动力去算计。

算计里没有判断中所含有的道德和价值因素。在算计者的眼里,也就只有"实用"而没有"意义",或者他们误将"实用"当作了"意义"。而这里的实用,也只是对满足他们那猥琐自私的心理需求而言的。由此,算计者一定不是有情有义者。友谊或友情,顶多只是他们的幌子。他们只是从"实用"里诞生他们那虚假的友谊或友情的幌子,也就随着"实用"的消失而移情别恋。无论是权势者还是舆情,对他们来讲只是工具。趋炎附势是算计者的天性,"人走茶凉"也是算计者的天然首要反应。所以，算计者到头来一定会招致极其厌恶的眼光。

其实，不同于判断是以思考为前提和准备的是，算计里没有思考。算计者不是思考者，也根本不会思考。只有思考者，才具备抽离世界的能力，也才能保持心灵的自由。只有思考者，才能与他人真诚对话交流的同时，也有能力自我对话，继而与他人保持真正友谊的同时，也与自己交友。同自己交友者，正如阿伦特强调的，才不会背叛自己，也不会背叛他人。而算计者，不可能与他人真诚对话，也没有自我对话的能力，他们不仅背叛他人，也背叛自己。算计者永远都是有负于他人者，他们的眼里怎么会有友谊？这样的家伙，怎么会是有情有义者？

什么样的土壤最适于算计者？恐怕是官僚体系。非官僚体系就像航行于波涛涌浪的大海上的船只，他们目标明确，需要同舟共济，才可不断战胜狂风巨浪，达到一个个目标，这种体系里需要的是判断，需要的是高效率，需要的是利益共沾，算计在这里成不了气候，也容不得算计者的存活。官僚体系则不同，犹如在风平浪静的内陆湖泊上航行的船只，目标并不明确，利益并不均沾，一切都是按章按程序行事，四平八稳，需要的是程序、等级和环节而不是高效率。

在这种激励约束机制并不明确的体系里，最适合算计者存活和兴风作浪，他们有的是时间、精力和理由去算计。尽管这一体系里的绝大部分人还是公共理性的维护者，但他们无力也无精力去清除植根在这一体系里的算计风气，因而他们中的很多人也都是被算计者被咬者。

正因算计者喜好官僚体系这一肥沃的土壤，所以，算计者特别是那些长期浸淫在官僚机构的算计者，就像汉娜·阿伦特所观察并鞭挞的那种"平庸的作恶者"：这些人在公开场合（无论大小）的讲话，充满了并严重依赖于陈词滥调、官方用语和措辞规则。官腔浓厚官话连篇的人是最需要注意和警惕的。

官僚体系里的算计者，一如阿伦特不厌其烦所一再揭示的，在思考和一般言谈上的低能与无能，致使他们只会储藏惯用语和套话。这些人，终其一生，顶多算是不加（缺乏甚至不能）思考而浑浑噩噩的言行者。但他们确实会作恶，更会从恶。因此，他们只会留下祸害。由于这种恶劣和祸害类似于裤裆缝隙里虱子的叮咬，难以成势，故而，这种邪恶也就如阿伦特在《耶路撒冷的艾希曼》一书所界定的那样，是一种"平庸的邪恶"。

问题是，"平庸的邪恶"也是一种邪恶。何况，这种邪恶容易被人轻视，作恶者也易于逃避惩处，因而不断形成祸害，侵害着公共理性，破坏着道德底线，恶劣而顽固。这更值得人类文化学家和哲学家所重视、探究、揭示和挞伐。

由此看来，如果余秋雨先生多读读汉娜·阿伦特的书，多对阿伦特的"思考—意识—判断"尤其是判断与算计的区别进行思考，他那篇《历史的暗角》会写得更好，对"小人"进行打压和清除的措施寻求会更加有针对性，也更加有力度。

（写于2014年12月13日，以《阿伦特笔下的算计者与"平庸的邪恶"》为题发表于2015年6月26日的《上海证券报》专栏版）

# 一个好人还是一个好公民

"为公民干杯！公民万岁！"面对嬉笑嘲弄而乱哄哄的底层逼迫人群，身陷巴士底狱的路易十六，淡然地举着杯子，眼睛无光地瞅着这些昔日草民，很无奈地跟着一遍遍说出这句话。电影《绝代艳后》直观地再现了这一场景。

拿着武器棍棒的民众，喊着精英灌输给他们的"公民"，就以为获得了卢梭式的"完全平等"，从此，万恶的旧社会就会犹如"末日"般地彻底消失，人性原初的"自然和善"就会得以重见天日，那个"自由平等博爱"的伟大乌托邦新社会便像阳光普照一样永远温暖人间；他们还确信，是罪恶的外在社会遮蔽了和善的人性，是抛弃了一切传统与律法的新社会恢复了人的自然本性。

这是典型的卢梭式逻辑，也是典型的法国—大陆式启蒙运动的逻辑，更是18世纪末开始，直到19世纪乃至20世纪一切"进步主义"、"自由主义"和一系列深受法国大革命影响的社会改造运动的思想逻辑。

其实，这是人性一元论的哲学逻辑。这一逻辑支撑了文艺复兴时就起始的那种一切回归自然的浪漫主义运动。也许是罗马天主教遮天蔽日的僵涩禁锢历经了太长时间，迫使一批接一批的意气风发的文学艺术家与哲学家到原野中寻求启发和真理，去反抗宗教的极端压抑。然而，脱离现实的作家们最终走向了另一个极端。他们不仅在田园想象的优哉游哉中放纵着自我，还要求民众也跟随他们那浪漫想象的节拍，尤其是，他们还要用他们闭着眼睛想象的图景来彻底改造世界。

好的社会必然产生好的个体，是这种人性本善的一元论核心。如果人心变坏，那不是个体的责任，而是外在世界堕落败坏的结果。过多的习俗、传统、律法和制度，扭曲了人性，限制了人的本能与潜力。人的一切本能与欲望，都是正当甚至美的，正如尼采一再歇斯底里所喊到的，不仅不应该控制，反而极尽其扩张，是谓人性解放！凡是鼓吹这一逻辑与哲学思潮的，在近三个世纪里均被标以"自由"和"进步"。

被这种逻辑与思潮所极力批判的，是至少两千多年里流行的古典—基督教精神，那种以个体罪为基础的哲学逻辑，至少在西方世界是这样的。带有原罪的人性，要想得到救赎，必须克己、谦卑、勤劳、节制，注重内心建设，尊重习俗和传统，遵守律法。只有有了好的个体，才可能有一个好的社会。社会的败坏，首先是人心变坏的结果，个体的责任不可推卸，不能一味推给习俗、传统、历史和外在社会制度。个体的不如意甚至不幸，不能只从外在世界找原因，更不能将一切归罪于他人与社会，而不去自省。

卢梭式逻辑的结果，是不加选择的感伤主义和人道主义。一边喋喋不休地哀叹自己的不如意，一边咬牙切齿地愤怒于外在社会的不平等不公正，将传统与他人的良好境况视作个体不幸遭遇的所有原因。持这类逻辑的精英分子，往往以公平正义的"激愤者"形象面世，对一切都是抱怨、不满和批判，恨不得一夜之间将现存社会"推倒重来"；那些深受这类思潮影响的普通个体，常常以"受害者"的心理面世，在一味的感伤抑郁之中，仇视周围的一切，狭隘而又偏执，有的甚至走向伤害他人——无论境况好于他的人还是差于他的人，都是他所不能容忍的。其实，不管是持有这一逻辑的精英还是普通者，无不是打着同情和感伤幌子的最自私卑劣者。这一逻辑最终带来了个体内心不加节制的放纵扩张和恣肆狂妄，不是导致连连杀戮的一系列革命，就是走向自我毁灭。

卢梭式逻辑，在卢梭之前就存在，只不过在卢梭那里得到了集中显现和阐发。后继发扬者，更是层出不穷。19世纪的叔本华，带有悲观色彩的哲学映象出了不加节制的感伤主义肆恣。接下来的尼采，更是将卢梭式自然主义的本能与扩张欲望，发挥到了极尽狂妄的地步。看看吧，尼采对酒神与日神的极力崇拜，对自然本能的宣泄式肯定与颂扬，直到声嘶力竭地大喊"上帝死了！"最后到无所不能无所不往的"权力意志论"，哪一个不是卢梭式逻辑的极端演化呢？在他面前，没有任何习俗、传统、历史与制度的空间，从来也不曾有过内心的斗争与建设，节制与谦卑根本就不在尼采的词典里。问题是，不能不说，尼采哲学带来了一个极尽扩张的国家社会主义，最后演变成了法西斯主义，培育出了狂人希特勒，并由其挑起了世界大战。

尼采之后呢？现代主义运动，连同这一运动中的"进步主义"和"新自由主义"，仍然是浪漫主义田园想象中的欲望扩张和内心不加节制的反映，卢梭式逻辑仍然在当代世界发酵，甚至支配着人类的意识、观念和行动。

古典—基督教式的逻辑呢？并未消失。即使是在卢梭时代，英国哲学家柏克（1729～1797年）在对法国大革命的批评中，彰显着与卢梭式田园想象相对立的道德想象。即使到了20世纪，哈佛大学的白璧德教授（1865～1933年）秉持人性二元论，在对卢梭发起持续性批评中，强调了人性原本带有的恶和罪，重拾狄德罗的"洞穴中的斗争"，主张个体应在节制、谦卑之中自省并进行内心建设，倡导古典—基督教精神的回归，进一步光大柏克的道德想象力，竖立起了新人文主义的旗帜。在白璧德看来，只有当一个个个体首先完成了"低等自我"向"高等自我"的过渡，一个社会也才能完成同样的过渡，相反的逻辑永远不成立。起码的标尺是，只有一个个体带着自省的心态不断取得内心建设的进展，才可能成为公共领域的一个好公民。一个社会的良序，首先是一个个个体不断注重"洞穴内斗争"和内心建设的结果，然后才是外在制度激励与约束的结果。无论如何，一个好的公民既需要内心的节制约束，也需要外在律法制度的规约。没有一个个好的公民，哪来一个好的社会？

好人与否，或者个体的好坏，首先是就私人领域而言的。公民，则是公共领域的存在。先是个体的实在与自我建设，才有集合体的存在与良序。如果在私人领域里不注重个体的规制与内心建设，仅仅由"臣民"改称"公民"，并不能带来一个社会的共和与良序，个体也不能获取真正的自由与幸福。这也就是为什么那些高喊"公民万岁"的法国民众并未在大革命的硝烟中等来一个卢梭式"自由平等博爱"的社会。还是记住柏克的典型精辟阐述吧：

"除非在某个地方有某种控制意志和欲望的力量存在，否则社会就无法存在。并且内心的控制越多，外部的自由也就越多。放纵的人无法获得自由，这一点已经由事物的外部构造所决定。他们的情感造就他们的烦恼。"[1]

（写于 2014 年 5 月 16 日）

---

[1] 大卫·候弗勒：《白璧德与美国当代保守思想》，引自美国《人文》杂志社和三联书店编辑部编：《人文主义——全盘反思》（Humanitas: Rethinking it all），生活·读书·新知三联书店 2003 年版，第 162 页。

# "金融是美的"：
# 希勒教授的自我陶醉

"除了理论自身的美感之外，金融也因其创造的事物而获得美。"① 耶鲁大学的希勒教授就这样，将金融理论与事务视作美的体现。可以想象，一旦一个人将自己的职业及其对象当作美的化身，他该是多么的陶醉其中。

难怪，这位教授2012年就入围诺贝尔经济学奖，尽管失之交臂，但终于在2013年捧得桂冠。经济学最高奖项当然不会放过如此赞颂这门学科的教授了。

在希勒看来，因为对称性与守恒定律，而使金融获得美感，成为美的化身。为此，他举出了有效市场

---

① 罗伯特·希勒：《金融与好的社会》，中信出版社2012年版，第194页。

理论、MM 定理，以及李嘉图等定价定理。

对称性，使人想起了绘画所遵循的最初规则。守恒定律，则不能不使人走入物理学的天地。如果说绘画艺术是创造美，或者与美相连，那么，恐怕很少有人会将物理学视作美的情感抒发，因为那实在是个纯理性的领域。当然，这并不是说理性就全然不是美。如果按希勒的逻辑，既然美因守恒定律而来，物理学自然就比金融理论美得多了。

问题是，无论是对称性，还是守恒定律，都使人想到零和游戏，不管是时间维度上的，还是空间布局上的。如果金融理论及其指导的金融活动，只是一场零和游戏，这对人类整体而言，实在说不上有什么美感，特别是在那些为数多达一半的受损失人眼里，金融事物哪是什么美的化身，简直是恶魔。

这么一位获得诺贝尔奖的教授，当然不会对金融实际领域的丑恶熟视无睹："现实社会中的金融体系总是混乱的、缺乏人性，其运行过程充斥着伪善与欺骗，这事实无法使人感到它的美。"[①] 然而，他用了一个类比试图说明这并不影响金融的美："尽管大自

---

[①] 罗伯特·希勒：《金融与好的社会》，中信出版社 2012 年版，第 191 页。

## "金融是美的"：希勒教授的自我陶醉

然之美不容置疑，但是它还是会产生丑陋的东西。"①

实话说，这个类比实在是蹩脚得很。无论怎么类比，金融事务对单纯爱美的人而言，无法近观。所以，希勒也知道他的"金融之美"只可"退一步，保持一定距离欣赏它们。"②

既然如此，学者们为什么还要以其学科为美呢？尽管希勒没有像写出"化学之歌"的那位教授那样，写出"金融之歌"，但他还是在自己的书中引用了惠特曼在《草叶集》里的诗句："唱一支职业之歌！"③这只能说明，学者们对前辈与自己构思的理论体系太过自我陶醉了而已！

由希勒的"保持一定距离欣赏"，我想到了历史学家黄仁宇教授在《资本主义与二十一世纪》一书的总结中讲到的："大凡将人类历史从长时间远视角的立场检讨，不期而然会在思量想象之中接近神学的领域。"④ 这两者倒是很类似。的确，"草色遥看近却无"啊！

---

① 罗伯特·希勒：《金融与好的社会》，中信出版社 2012 年版，第 191 页。
②③ 罗伯特·希勒：《金融与好的社会》，中信出版社 2012 年版，第 195 页。
④ 黄仁宇：《资本主义与二十一世纪》，三联书店 2006 年版，第 578 页。

希勒对他的"金融"是远远望去，看到的是缥缈摇曳的轮廓，犹如起伏绵延的墨色山峦，又好似浮云掩映之中的朦胧月色，悠悠哉哉地在想象之中，便进入了黄仁宇所说的那种近乎"神学领域"，充满眼帘的也就只有神学之光映照出的"美"，不见了其他一切。

其实，正如希勒那样，不少学者远离了现实世界，摒弃了具体的叙述，一味沉浸在抽象的思辨分析之中。在自己虚拟的假设之下，构建起了几个简单的逻辑，特别是在金融学以及更广泛的经济学界，更是假借着数理逻辑与语言，在近乎一个逻辑维度上恣意挥发，无所顾虑地顺着一条线走下去，头也不回，几近偏执。可想而知，如此搭建的理论，就像只用单一黑色线条的中国画，仅是一种写意，而不是像各类颜色调和而成的油画那样写实。

偏执地沿着一条逻辑线条狂奔下去的经济学者，当走到道路尽头，再也无路可走时，不仅不会悲哀而迷途知返，反而以为站在了学科理论与现实事物之巅，自我陶醉，大肆喊"美"。

这些现代学者，还真不如一千五百多年前的那位中国名士阮籍。阮籍经常驾着一辆破牛车，随意地沿着一条道走下去，到了路的尽头，无法前行时，他会

## "金融是美的"：希勒教授的自我陶醉

大哭一场，让牛车掉头返回，再去找寻另一条路，等再到尽头不能前行时，他照样大哭一场而返回。这是一个人的体验。他也许为自己的探寻而哭，也许为长天大地而哭，但肯定不是哭给他人听的。无论如何，阮籍是位迷途知返的榜样，也不偏执，更不以偏执为美为乐。

与阮籍截然不同的希勒们，其"金融之美"、"经济理论的美感"，很像是黄仁宇教授的以下概括：

"将千变万化的世事，极端简化为能被作者笔下充分掌握的几个因素，又更进一步将许多具体的事物高度的抽象化，然后作者才能将笔下的题材纵横解剖，左右逢源。这种办法固然有它启蒙的功效，也可以作经济研究的线索，不过过于接近哲学，不足为历史家的凭藉。"[①]

过于沉浸在虚拟假设基础上的数理逻辑，过于放纵的抽象思辨式想象，尤其是将金融及更广泛的经济理论框入狭窄而单向的数学范式，那不是"美"，而是对真实世界近乎无节制地背离，更看不出思想的光辉。学者的如此虚拟世界只是一种幻象，是对现实的

---

① 黄仁宇：《资本主义与二十一世纪》，三联书店 2006 年版，第 578 页。

扭曲。这样的金融和经济理论，不仅不能成为"历史家的凭藉"，更无法成为现实生活主体的"凭藉"。

也许有人会问，希勒的"金融之美"是否带有一种浪漫主义色彩呢？完全不是。的确，浪漫主义思潮对经济学分析产生过较大的影响，比如实证分析、制度经济学、比较经济学，都透着浪漫主义思潮对纯粹理性功利主义算计予以抵制的身影。① 这一身影，恰恰是对经济学研究中那种抽象掉现实主体而完全数学化的纠正，也是对"唯理性"纯思辨从而"过于接近哲学"倾向的纠正。而希勒陶醉于其中的所谓基于对称性与守恒定律的思辨想象的"金融之美"，不仅不是浪漫主义的体现，反而是一种背离。在这一点上，恰恰看不到作为希勒教授标签的所谓"行为金融学"基础的"有限理性"，只显示着浪漫主义思潮所反对的"唯理性"。

总之，无论是金融理论和金融事物，还是更广泛的经济理论与经济事物，无所谓"美"，也无所谓"丑"。经济学只是一门显学，其中的金融学更是一门

---

① 有关浪漫主义思潮对经济学分析的影响，我曾专门著文阐述：《闲聊经济学演进中的浪漫主义影响》，引自袁东：《全球格局中的中国故事——金融与财富扩张中的公共机制研究》，经济科学出版社2012年版。

## "金融是美的"：希勒教授的自我陶醉

世俗之学，需要在抽象想象与具体叙述之间找到平衡。如果像希勒教授那样将"美"与"金融"或"经济理论"相连相混，甚至视为美的化身，实在是一种不搭调。

（写于2013年12月7日，以《希勒教授陶醉在虚幻的"金融之美"中》为题发表于2013年12月18日的《上海证券报》专栏版）

# 畏惧还是爱戴

当掌权者必须在被人畏惧还是受人爱戴之间做出取舍时，一个异常清晰的声音一直强烈回荡在过去500多年的历史长廊中：

"被人畏惧要比受人爱戴安全得多。因为爱戴是出于自身的卑微，是由义务的纽带维系着的。然而由于人性的弱点，在任何时候，只要对自己有利，人们便把纽带一刀两断了。可是畏惧却由于害怕受到惩罚而永远维系着，因此就难以失去其功效，长久地发挥着作用。"[1]

这就是那位跨越15和16世纪的佛罗伦萨人马基雅维利（1469～1527年）在他那本《君主论》中发出的声音。

---

[1] 马基雅维利：《君主论》，北京出版社2007年版，第95页。

诚如20世纪罗素的评价，马基雅维利是文艺复兴时期最有名望的政治哲学家。其实，他的名望一直飘浮到现在，想不出什么理由不会继续飘浮下去。原本只是作为呈现给当时佛罗伦萨最高统治者美第奇家族私人献言报告的《君主论》，成文于1513年，公开出版则是作者去世5年后的1532年的事了。然而，一经出版，就成为长久不衰的畅销书，甚至成为很多历史强势人物的案头必备之书。这恐怕是马基雅维利没有想到的。

马基雅维利因怀有博取权杖执掌者青睐和职位的心思，所以，他在《君主论》所述的内容未必全部是其真实看法，在他专为出版而写作的《李维史论》中就表述了很不同于《君主论》的观点；但他所述现实政治生态及其人性特点，却是赤裸裸的真实。他的着笔并不在于"应当"如此，而是"实际"如此。

五百年来，凡是读到过《君主论》的人，无不被马基雅维利抛掉一切面具的直言直语所震骇。正如罗素所说，这位当时既不富裕也不贫穷的律师的后代，有时确实是惊世骇俗的。他只讲求权术手段，不问目的恶善，极力主张为达目的可以不择手段。他有关权势者要拥有狐狸的狡黠和狮子的力量等一系列观点，被像拿破仑这样的人奉为宝典；他关于执权者应隐藏这些兽性特点而显出温和印象的伪善术，同样被政客记在心田。于是,他被作为人性恶论的典型持有者,深深影响着其身后的诸如霍布斯、洛克、边沁、休谟以至尼采等哲学思想家。然而,难以否认的是:

"他的政治哲学是科学的,也是以他本人的事业经验为基础,来自于实践,因而有很强的操作性……将政治上的不诚实,能如此诚实地在心智上加以思考,这在其他时代与其他国家几乎不可能。"①

不只过去和今天,就是绵延续迁的未来,只要提到政治哲学思想,恐怕仍然无法绕过马基雅维利。这也难怪,他的《君主论》,被选为与《圣经》一样影响人类历史的十部著作之一,至今仍是某些美国大学学生的必读书籍,自莎士比亚之后,极少再有人计较这本书的隐善扬恶,而是从较为积极意义上看待这本书及其作者。

回到本文开篇引用的马基雅维利的那一观点,这是我在此感兴趣的。

无论是一个政体的统治者,还是一个组织的管理者,畏惧果真优于爱戴吗?

按马基雅维利的逻辑,爱戴是基于"自身卑微"、

---

① 罗素:《关于马基雅维利》,作为附录,收录在中文版的《君主论》中。参见马基雅维利:《君主论》,北京出版社2007年版,第146页。

"义务"和"自私自利的人性弱点"。相对掌权者，自身的卑微决定了对掌权者的义务，然而，一旦对自己有利的时机出现，不再需要那种义务纽带时，爱戴也就荡然无存了。因而，在马基雅维利看来，所谓爱戴是脆弱的，掌权者无法仰仗这一点而切实把握局势，维持自己的权威与统治。

而畏惧，基于的是"害怕受到惩罚"而会永远维系一种不会弱化的"义务纽带"。无疑，这会维持并强化着掌权者的地位与权威。

但是，无论是基于逻辑，还是历史事实，都难以支持马基雅维利的上述观点。这里，并不关乎是否伪善还是"假仁假义"的一切面具。尽管《君主论》的很多观点为人们所瞠目结舌，却也在各自内心深处所难以否认，但是，马基雅维利有关畏惧和爱戴的观点，还是可以轻易破除的。

"卑微"、"义务"、"自利"，统统都是理性概念和意识。真正的爱戴，更多是出于内心的自然自发意识与行为，理性计算与权衡的色彩很淡，更多的带有感性成分。虽然没有像宗教信仰那样的狂热，但也带有强烈的情感情义因素，或者更多是基于后者。被爱戴者的种种要素，赢得了他者的这种自发性情感情义。否则，就算不上真正的爱戴。那种独裁者依赖高压专制恐怖手段获得的，由强大手段组织与监视的所谓爱戴，仅仅是形式上的，是假的，不但不是爱戴，恰恰是畏惧的扭曲体现。

因"害怕受到惩罚"而去"维系一种义务纽带"，正好无可辩驳地说明了这种"义务纽带"的脆弱，及其"维系"的非自愿性、非主动性和非发自内心的自然自发性。如此，怎么会真实且长久地发挥作用而不失去功效呢？

与马基雅维利所想的恰恰相反，如此依赖重压甚至恐怖手段而生的畏惧所维持的权威与地位，时时刻刻处于火山口上。畏惧的滋生与累积，也是怨恨愤怒甚至仇视的滋生与累积，服从与恭顺只是表面上的，绝对是假的。假面具下隐藏的，是畏惧者的理性权衡与计算，是对自身得失及周边条件的无以复加的处心积虑地考量，不是不反抗，而是没到时候。一旦有机会能够逃离畏惧，或者被畏惧感压得几近窒息时，畏惧者会毫不犹豫地弹地而起，将"因害怕惩罚"而维系的"义务纽带一刀两断"，畏惧者排山倒海般的愤怒喷发，会将被畏惧者及其一切力量统统吞噬掉。

回望历史，凡是依靠强压手段培植民众畏惧心理来维持自身权威地位与统治的，均没有获得预期效果。反而越是想让人们畏惧，越是短命。古代的残暴专制王朝是这样，法国大革命期间雅各宾派的白色恐怖统治是这样，随后的拿破仑独裁是这样，20世纪希特勒的法西斯恐怖统治亦是如此，斯大林的恐怖清洗仍未将其放在长命安然的地位上。小到一个组织的管理者也是这样。俗话说得好，一旦使人们怕你，就离骂你的时候不远了。

马基雅维利之所以有那些观点，又之所以如此受追捧，是与他那个时代及其后时代的形势分不开的，残暴和背叛似乎是那些时代的家常便饭，至少不怎么使人震惊。18世纪、19世纪伴随市场经济发展的自由与进步追求，可以使当时的人们很容易驳斥马基雅维利，尤其是19世纪的大部分时间里，残暴和背信弃义的市场大大缩小。20世纪初期以至上半叶，历史似乎又回到了残暴与背叛的时代，马基雅维利又变得不容易被辩驳而广受追捧。

21世纪呢？刚刚过去的十几年表明，有些不太像上个世纪，自由与进步的前景似乎是可期的。但愿在这个世纪，马基雅维利变得容易被辩驳。但愿掌权者能够赢得真正出自内心的爱戴，而不是畏惧。果真如此，才是真正的安全。

（写于2014年1月19日）

# 现实与想象

## ——议田园想象力与道德想象力

那是一个村落。炊烟飘飘而又静谧。即使人声鼎沸，也不会嘈杂而狂乱。人的一切动静，都会归于自然而被消弭静化。那只是茫茫自然界的一个点，一个局部的存在，仅此而已。

祥和的静谧，在夜晚清风中更是沁人心脾。蓦然望去，那是房前的一树丁香。姹紫嫣红，满枝桃红梅艳，只不过是张扬中透着的拥挤，还有不顾一切地炫耀。俗艳给出的是造作甚或某种压迫感。隐去了光彩的夜色，凸显了丁香的清爽。若在雨夜，你会记起戴望舒的"油纸伞"和江南雨巷中的"石板路"，还能明了为什么他会说"一个丁香一样的姑娘"。

这是诗人的想象还是普通人的现实感受？都有！《雨巷》，也许是居于北京的诗人对烟雨故乡小镇的想象，也许是诗意化了的现实场景。健康的心理与生活，离不开诗意袅袅的想象与装扮。老子出关前留下的洋洋长篇，是极具思辨性的辩证抽象，是对身后关内人生社态的现实抽离，但稳坐青牛背上渐渐消失在漫天黄沙中的白衣老者的景象，依然透出一种十足的诗意。要不，更加彰显诗意情调的庄子，怎么会总是被紧随老子而有"老庄"之称呢？

想象力是创造的基础源泉，是生命力的首要体现。尽管想象被语言学家和哲学家区别于幻想，但即便是幻想，也是生活不可缺少的一部分。如果忽视这一点，对人生与社会的认识就会发生偏离。

是的，在哲学家那里，可以将幻想、想象、意志与认识，做出一系列定义与区分。但是，人类所谓的世界，总是处于真实与想象之间，完整而真实的世界与人类总保持一段距离。人所面临的，总是外在与内在的不同组合。正因如此，那位大哲学家淑本华，干脆将他那本厚厚的代表作取名为《作为意志表象的世界》。

想象，可以是田园想象，也可以是道德想象。无论是哪种想象，区别只是能否有所节制，亦即，有无来自现实的规约。想象如同一只风筝，可以飘向高空，但总有一条线连在地面，被那只握线的手牵引。

没有了线的风筝，已不再是风筝。那只握线的手就是现实，离开现实节制与规约的想象，正如离了线的风筝，就已不再是想象，至少不再是对人有益的想象。

富于田园想象的中国文人墨客与典籍不胜枚举。对近现代世界影响最大的，却是西方的卢梭。卢梭总是在迁徙之中离群索居，一心向往隐于田园，却又得不到宁静。惹是生非中的窘迫与烦躁，又加重了他的田园想象与游离。田园想象不仅充斥着他的人生轨迹，也投射在他所有的文字表露与文本之中。

只是，卢梭的想象没有节制，不受任何现实的规约。他由厌恶现实到一味地逃避，可他又无法做到完全的逃离。这反而更加助长了他的田园想象癖好。他的浪漫想象透出的是肆恣挥发，甚至是一种放纵。他所谓的"自然生活"，几乎是对人类"初始状态"或"过往"的纯粹田园想象。卢梭在《论人类不平等的起源》一书的开篇就承认：他对"过去"所做的勘察"不应被看作是历史事实，而只应作为假定的、有条件的推理来加以对待。"

基于这种根本不存在的"过往生活"的所谓"自然状态"，他勾画起了他的"新社会"。他的新社会，只是他的一堆"假定"和"条件"下的推理结果。而这些"假定"和"条件"仅仅是他不加节制的想象，是他对现实社会厌恶甚至仇视的投射：周围的一切现实都是"恶"，只有他自己连同他的想象才是"善"。多么尖锐的对立，又是多么的自以为是！

问题是，任何田园想象都具有诱惑，何况卢梭那渗透着敏感和激情的文字，都更使他想象出的那个"自由、平等、博爱"的新社会，对底层大众具有极强的吸引力，使他们跟着卢梭一起厌恶和仇视现实的一切！不受历史与现实节制的浪漫作家一旦成为社会注目甚至跟随的核心，不理性的狂热就会像山洪一样爆发。"推倒一切重来"的狂妄激情，足以将周围的一切吞噬，最后连自己也被吞没。每个人都将一切的不如意，一切的不合理，一切的怨恨和愤怒，归于了外在社会："恶"是外在的，唯独自己像刚出生的婴儿那样纯洁无瑕无辜，自己是善的。

这恰恰是内心不受任何约束与规训，无所顾忌的肆意放纵的张狂！这无疑是法国大革命那样的疯狂，相互践踏与厮杀，对所有传统、历史、宗教和制度全盘否定，在虚无之中走向混乱无序与白色恐怖的个体和社会心理源头。放纵的文学浪漫情感，驱使人类走向了非理性。这哪里还有田园式的自然、和谐和有序？

如果说卢梭的田园想象偏执地放弃了人的内心禁

忌与建设，消解了应有的敬畏与谦卑，那么，这恰恰与下述的道德想象形成了反照。

说供奉在美国伟人祠里的林肯没有野心，恐怕没有人相信。即使当初赖在那个破败的小小律师事务里的年轻林肯，无聊之中，一刻也没有放弃自己的政治野心与抱负：不仅仅是企望得到一个国会议员和总统的位子，而是要做出不小于华盛顿的大事。只不过，他把这种野心与抱负隐藏得很好很巧妙而已。

说林肯对长达近5年致使50万~60万人失去生命（当时的美国总共才有多少人口）的内战没有责任，恐怕同样没有人相信。尽管是以反对和废除区域奴隶制的名义，但将这场血腥的残酷内战的主要责任归于林肯，也未见得不令人信服，因为林肯本人就是这么认为的，也深信无疑，只不过将其置于内心深处而已。

林肯的确实现了他的政治野心与抱负，废除了区域性奴隶制，成为美国历史上与华盛顿比肩的伟人，但手上也沾上了几十万人的鲜血。正如他终生最喜欢的莎士比亚《麦克白》中的台词："全世界大洋能从这只手上/洗得净血迹吗？不，我这一只手/倒会给浩瀚无边的海水染色/使碧波变成通红。"

1865年的4月，在林肯被刺杀的那一周，他视察完弗吉尼亚州的军队指挥总部，在回华盛顿的"河流皇后号"轮船上，他向随行人员大声朗读《麦克白》数个小时，并重复了两遍下面的话："顿肯在坟里了；/经过人生的疟疾，他睡得很好。/叛逆已经做绝了，刀也罢，药也罢，/内忧外患也罢，再也没有什么/能伤一根毫毛了。"

可见，林肯是有野心，但也有原则，他并未因其野心得到实现而狂妄，他深知有着重大的社会和生命体代价。为此，他深陷痛苦纠缠之中，难以入睡，噩梦连连。他将这种内心的清醒意识和痛苦，巧妙而委婉地通过他喜欢的《麦克白》的台词表现出来。无论他的野心与原则，还是其矛盾与痛苦，都显示了他那种现实规约中的道德想象力。所以，有论者正确地分析道：

"在他胜利的时刻，他所指挥的军队最终在一场大战中获得了令人惊叹的胜利，亚伯拉罕·林肯重读了《麦克白》，仔细考虑着：一个即使是正当的野心的东西，其代价有多大。在这个普通人只会注意到其荣耀的时刻，林肯（尽管是间接地）愿意暴露他自身性格中的阴暗深处和秘密之所，愿意探明潜伏其身的'幽黑欲望'，这正是林肯意识之敏感、道德想象力之强、心灵之伟大的明证……如林肯那样的敏锐的心智,是我们文明的典范和精华,它有助于解释我们今天享受到的许多幸福。"①

如果说林肯是既对外在世界进行整顿又对内在世界予以检视,那么,卢梭就只是抱怨仇视以致推翻外在世界,而放纵内在世界,任其恣意驰骋无限扩张,认为内心永远而绝对正确。

当然,过了头的田园想象也是一种负面的道德想象,过分的道德想象力同样有害。关键是要有所节制。如果认为人性非恶即善,这本身就是在走极端,在不受现实规约。还是培根说得好:"很少有人不是在善恶艺术的混合体中被培养大的。"

人类的创造与文明,离不开想象力,既需要田园想象力,也需要道德想象力,更需要在现实节制基础上的两种想象力的结合。人应当努力在现实与想象之中找到各自的均衡点。

再回到房前的那树丁香。静静伫立着,幽幽散发着清馨的丁香,干吗就一定是"惆怅"、"忧愁"和"哀怨"?那只是一位诗人的想象!"丁香一样的姑

---

① 迈克尔·诺克斯·贝兰:《林肯、〈麦克白〉与道德想象力》,引自美国《人文》杂志社和三联书店编辑部编:《人文主义——全盘反思》(Humanitas: Rethinking it all),生活·读书·新知三联书店2003年版,第249页。

娘"怎么会"结着愁怨"呢？那分明是平静清新地在春天吐露着生命力！是芬芳和美丽的化身！

（写于 2014 年 4 月 13 日，以《卢梭的偏执与林肯的隐痛》为题发表于 2014 年 6 月 13 日的《上海证券报》专栏版）

# 奈何之中的无奈还是
# 无奈之中的奈何

——读赵林教授的《基督教与西方文化》[①]

太多时候，人是很无奈的。

无奈里映照出人的倍加渺小。如同一棵随风飘摇的芦苇，苍茫之下几可忽略，即使会思考，也摆脱不了枯萎消散的宿命。

是的，人最无可奈何的，就是自己的生命。

生命是你可以自主的吗？即使站在无神论的角度，答案也不是完全肯定的。

是否来到这个世上，你并不能自主。作为一个生命体，你只是偶然性、被动性地造就。然而，这种偶然性从一开始就含有必然性。最终的归宿，无论谁都

---

[①] 赵林：《基督教与西方文化》，商务印书馆2013年版。

躲不过去。尽管这不再是偶然，但你对此仍然是被动的，因而是最无奈的。

这一被动性的必然，正是阴郁、苦闷、悲观的宿命论根源。这一根源，成为了宗教关怀滋长的丰厚土壤。无论是出于针对偶然性的无奈，还是基于对必然性的无奈，作为生命体的人，均有着对宗教情感抚慰的需要。当然，对这一根源的不同阐释和处理，也就形成了不同的宗教。

面对宿命的必然，有些宗教情怀试图予以抵制，方式是追求长生不老，其中的手段五花八门。中国的道教就是这方面的典型。这种对生命的极端肯定，未尝不是一种积极乐观的宗教情感与关照。然而，这仅仅是一味而片面的肯定，仍然只是停留在一个层次上，只看到了生命的一个断面，缺少了那种否定之否定的深刻。

立于历史长河中的主要宗教，还是顺应了这种悲苦而无奈的必然。只不过，为了增强感召力，主要宗教基本以救助或救赎的面目出现和变迁，或者是作为道德支撑，或者是作为情感抚慰，甚或是两者兼而有之。为了实现这些信仰功能，宗教设定了今生与来世、人间与天国（或地狱）、此岸与彼岸，遵循并阐释着因果论，给今生的状态做出了解释，厘定了底线，提供了希望，也摆出了告诫。使脆弱的人们能够正视并忍耐现世的悲苦无奈，有着对世界与自身的敬畏和谦卑，秉持坚定纯洁的信仰，因循内心的一套道德规范，唯有如此，才可赢得一个如意的来世，升入安乐的天国，到达那个灿烂的彼岸。

这些二元划分，不仅仅体现出对立，对主要宗教而言，总是试图从二元对立中寻求某种统一。为此，灵与肉的二元划分就成为一种基础。

向死而生，是早期基督教的信念。从下层劳苦阶层兴起并不断传播扩散的早期基督教，迎合了这一阶层现世悲苦阴郁的忍耐而对彼岸美好生活的强烈向往心理。基督教从一开始就体现出唯灵主义的特性。自公元476年西罗马帝国灭亡到15世纪，长达一千多年的欧洲特别是南欧、西欧和北欧的所谓中世纪时期，更加重了基督教的唯灵主义特色。中世纪雄伟庄严的哥特式教堂，刻意营造了一个轻灵飘忽的神秘意境，透出某种精神震撼力和灵性感召力，使置身其中的任何一个人，瞬时感觉到肉体似乎进入一个逐步下沉而灵魂随着那高耸入云的尖塔迎着花玻璃透射进的阳光而上升、上升再上升的过程，直至那个纯洁光明祥和的天国世界。哥特式教堂充分体现了中世纪苦难的现世生活与美好的彼岸向往之间对立统一的辩证关系，从而成为基督教唯灵主义理想的典型物理象征。

原本从当今以色列位于的区域不断西进，途经希腊而后罗马，于底层传播并不断遭受打压的基督教，后来成为了罗马帝国的国教，中世纪更是成了欧洲的唯一宗教。一旦至高无上，基督教就变了味。长达一千多年的中世纪基督教，实质上成为了教会的宗教，教士的宗教，罗马教廷和教皇的宗教，唯独不是那些广大教徒的宗教。非但如此，随着日耳曼民族对罗马帝国的毁灭，欧洲封建割据的广泛化，罗马教皇和教廷成为了凌驾于一切世俗的主宰。教皇、教士、教会和修道院无可挽回地走向了腐败，以至糜烂败坏的程度匪夷所思无以复加。从 13 世纪起建立了臭名昭著的宗教裁判所，打击所谓"异端"，维护教会利益，假借上帝和基督的名义，使宗教不宽容达到了极端。正如后来路德说过的，"罗马是全世界的臭水沟"。

日益恶化的腐败，致使中世纪基督教变得越来越形式化和虚假化。最终引起了南欧拉丁语系和北欧日耳曼语系民众在 15 世纪、16 世纪的反感与对抗，但这两大语系回应的角度和方式却不同。以意大利为主的南欧兴起了"文艺复兴"，试图通过复兴古希腊罗马那种感性化的唯美主义，重新恢复人性和人文精神，以"我怎么做就怎么说"的方式冲击罗马教廷的虚假化。以德国为中心的那些纯朴贫穷的北欧民族，从纯洁净化信仰的虔诚角度，以"我怎么说就怎么做"的方式，首先由路德开始，着手对罗马主导的基督教进行改革，陆续形成了德国的路德宗、英国的圣公会和日内瓦的加尔文宗三大新教派别。

主张"因信称义"的路德宗认为，只要内心有坚定纯洁虔诚的信仰，就会得到上帝的拣选和救赎，无须罗马教廷那种虚假的捐钱捐物交纳什一税甚至购买"赎罪券"等各种近乎荒唐形式的所谓"善功"，以及烦琐的形式化仪式，从而杜绝教会借此大肆敛财和各种肮脏阴暗的交易。

源于亨利八世离婚结婚需要而偶然发起的英国宗教改革，以至最后确立的圣公会，在教义内容与宗教仪式上并未远离罗马教廷，但是确立了国王是该国宗教领袖，英国教会是在国王领导下，不再隶属罗马教廷，并通过没收教会资产低价卖给乡村贵族，使教产还俗。

加尔文宗除了赞同路德宗的"因信称义"，简化宗教仪式，废除主教制度，倡导圣洁的宗教信仰和家庭伦理，亦即所谓针对是否被上帝拣选的"内在确证"外，还需要"善功"的"外在确证"。但加尔文的"善功"绝非罗马教廷的"善功"，而是指清洁勤俭的家庭生活，对日常工作勤奋敬业，鼓励正当的劳动生产创业、发财致富、发展经济，赋予劳动和世俗生活以神圣，并将此作为"天职"或"神召"（Calling）的体现。因而，加尔文的宗教改革是最彻底的。

可见，三大新教派别各有侧重。历史地看，路德宗统一了神性与人性，一个人通过虔诚信仰于内心深处即可发现神的感召，重新彰显了人的主体性；圣公会统一了上帝与"恺撒"，终止了教俗之争，促进了民族国家发展；加尔文宗统一了宗教生活与世俗生活，赋予了日常工作神圣的意义，可以使人们理直气壮地发展生产和经济。无疑，以三个"统一"为突出体现的新教伦理，对西方转向近现代直至当今经济政治社会文化变迁有着重大意义。马克斯·韦伯在《新教伦理与资本主义精神》一书中，对此做了极富说服力的透彻分析。

迫于新教力量的强大冲击，罗马教廷也被迫进行内部调整与改革，试图祛除自身的腐败积习。面对日益强盛的新教影响，基督教最终分裂为以罗马为中心的天主教，以西欧、北欧、北美为中心的新教，以东欧和俄罗斯为中心的东正教。几大派别的争执不下，也就发展成为最后的相互容忍和相安无事，从而出现的宗教宽容，是促成17世纪以理性为旗帜的启蒙运动的重要因素。伴随启蒙运动，是科学和哲学的兴盛，促动了西方的现代化进程。

尽管当今的基督教几近完全退缩到精神领域，但几千年的基督教变迁，对西方经济政治社会文化发展印留了深刻痕迹。基督教文化的影响是广泛而深远的。如果不了解基督教变迁，你很难比较全面正确地理解西方历史。

推而广之，如若不了解宗教历史，也很难正确认识人类世界变迁和当今全球格局，并从中寻求妥当的改进完善途径。

小而具之，作为个体的每个人，从宗教历史中至少可以习得：降卑，才可提升；虚已，才可充实。谦卑敬畏，虚已合作，才可能在曲折的人生路上，多少能够化解些无奈，变"奈何不了"为多少可以"奈何得了"。

奈何，奈何。

(2015年12月1日至7日陆续写成)

# 交往理性：日常生活世界的重建与当代社会病症的解除

## ——读哈贝马斯

哈贝马斯是当代法兰克福学派的核心人物。他的"交往理性"，既是对韦伯哲学"理性"的坚持和维护，也是一种发展。

如果要抽出哈贝马斯哲学著作的"精粹"编成一本书的话，一定是由他受韦伯"目的合乎理性"与"价值合乎理性"划分的启发而对西方"理性主义"的考究开始的。

有人正是这么做的。在由南京大学出版社出版的一本《哈贝马斯精粹》中，编译者就将哈氏在《交往行为理论》里集中论述"西方理性主义"的内容，作为开篇[1]。

---

[1] 参见哈贝马斯原著，曹卫东选译：《哈贝马斯精粹》，南京大学出版社2004年版。

总体而言，哈氏不仅反对将当代西方社会问题归咎于"理性过了头"，反而认为，林林总总的当代病症恰恰在于"理性不够"。因此，他高举"理性"大旗，沿着新古典主义的道路，继续开拓新时代的"启蒙运动"，这被他界定为"社会批判启蒙运动"：

"启蒙运动既不是始于狄德罗和爱尔维修，也不是终于萨特。事实上，启蒙运动始于古典时期对哲学唯心主义普遍概念的怀疑，而且是以理性的名义，着眼于现实需要和彼岸幸福……康德之后，启蒙运动又增添了新的内容，这就是……社会批判。"[①]

社会批判，早已有之，最激烈的莫如卢梭。但卢梭的批判是抛弃了理性的情感放纵式的，以至走到了极端。哈贝马斯则是理性主义的，并且是内容广泛的：

"社会批判针对的不仅是生产关系和造成客观上可以避免的灾难的社会动力，也包括社会存在形式自身当中所蕴藏着的潜能，诸如，人类日常交往当中的和解行为、相互承认基础上的不可动摇的主体间性、自律和尊严，以及不可避免的共同生活中那稍纵即逝

---

① 哈贝马斯原著，曹卫东选译：《哈贝马斯精粹》，南京大学出版社 2004 年版，第 505 页。

## 交往理性：日常生活世界的重建与当代社会病症的解除

的幸福瞬间。我认为社会批判启蒙运动就是要明确这一点，并且要反对一种功能宿命论。"①

哈氏对"功能宿命论"的反对，也就是对"目的论世界观"的摆脱，这也是哈氏哲学不同于传统唯物主义历史哲学之处，因为，目的论世界观始终隐藏在后者的规范假设当中。在哈贝马斯看来，目的论世界观只看重"目的理性"，如果目的理性占据了核心位置，韦伯的"价值理性"将被边缘化，就会导向极权主义，社会也在撕裂中走入败坏。

无疑，哈贝马斯的哲学是唯物主义的。他认为，启蒙运动远未终止，当代社会仍然需要进一步"启蒙"，而起始于古典时期的启蒙运动秉持的是一种"后形而上学思维方式"，这一思维方式的先导是由怀疑主义、享乐主义和唯物主义构成的。更由于他是在"西方马克思主义"传统中成长起来的②，这进一步助长了他的唯物主义理念，但他反对唯物主义历史观中的目的论世界观。

这一反对，使他在远离"生产力理性"——自然科学和技术的理性——的过程中，构建起了他的"交

---

① 哈贝马斯原著，曹卫东选译：《哈贝马斯精粹》，南京大学出版社 2004 年版，第 505 页。
② 影响他的一些西方马克思主义者，有的曾是经济学家熊彼特大学时代"马克思研讨班"的同学。

往理性":"集中表现在社会解放斗争中的交往生产力"。民主法治国家的结构和公共领域机制,无不折射出这种交往理性的作用积淀。

当代世界的病原在于对"生产力理性"的信奉与崇拜。这一理性既促成了现代社会的成就,也同时形成了自身的破坏力。目的论世界观的"物化"效果,便是货币与权力,也就是经济与行政措施主导了一切。生产力的盲目发展和增长的无限制,最终遇到了诸如生态承载等的极限。人们原本是想通过"社会福利国家计划"来使增长有所限制,并缓解社会的分化与撕裂,却事与愿违,这种福利国家政策与计划反而使货币与权力更加受到依赖,经济措施与行政措施相互交织,更加长驱直入。生产力与破坏力就这样互相交错着膨胀,加重着当代世界的病症。

更成问题的是,货币与权力日益侵蚀着日常生活世界,人们的交往越来越倾向于韦伯的"目的理性"而远离"价值理性"。正是在这一意义上,哈贝马斯才倡导"日常交往要合乎理性",解除对"交往生产力"的束缚,让下层的自发力量充分释放出来,保护日常生活世界。

在日益全球化的今天,个体角色的自我认同正在突破家庭、地域和民族成员的限制,走向了"复杂多变的角色期待"之中。在"我是谁"、"我在哪里"、"我要走向哪里"、"我属于哪里"的诘问与迷惑中,个体的定力在哈贝马斯看来,只能取决于"规划个体生活的抽象能力"。于是,哈氏将"生活世界合乎理性"的焦点界定为以下三点:

"(1)不断修正变动不居的传统;(2)把制度所要求的合法性转变为用话语来制定和论证规范;(3)对社会化的个人来讲,只有通过高度抽象的自我认同,才能够把握住自我,而且还充满风险。"①

然而,这还不够。生活世界的合理化,还需将其与货币、权力相区分开来:

"货币和权力在经济和公共权力机关中的循环过程,同时也必须与个人生活的行为领域和自发的公共领域的交往结构相区别开来;否则,这些循环过程还会用其经济官僚主义的合理性的混乱形式侵犯生活世界。"②

在哈贝马斯的眼里,作为日常交往实践的生活世界,是基础,是第一位的,不容侵犯:

"从生活世界的理解资源中产生的政治交往,以

---

① 哈贝马斯原著,曹卫东选译:《哈贝马斯精粹》,南京大学出版社 2004 年版,第 510 页。
② 哈贝马斯原著,曹卫东选译:《哈贝马斯精粹》,南京大学出版社 2004 年版,第 515 页。

及并非通过国家化的政党建立起来的政治交往,必须保卫生活世界的边界,强调生活世界的绝对命令,即实用价值趋向的要求。"①

但是,需要提醒的是,哈贝马斯强调的"生活世界的绝对命令",是建立在"交往理性"基础之上的。交往理性要求生活世界合乎理性,只有合乎理性的生活世界才是不可侵犯的。生活世界合乎理性,并非仅仅是"目的合乎理性",还必须包含韦伯意义上的"价值合乎理性"。只有目的理性的生活世界,无法避免金钱化和权力化趋势,这必然会导致个体不自尊、相互不尊重不包容的社会,这样的社会只能是一个缺失节制与敬畏而日渐走向败坏的社会,这自然不是遵循哈贝马斯意义上的"交往理性"的社会。

正是在这一意义上,才能明白为什么哈贝马斯强调"规划个体生活的抽象能力"的重要性。也正因如此,我们才说,哈贝马斯承继了韦伯。

(写于2014年7月13日,以《哈贝马斯眼中的当代社会病症》为题发表于2014年8月22日的《上海证券报》专栏版)

---

① 哈贝马斯原著,曹卫东选译:《哈贝马斯精粹》,南京大学出版社2004年版,第515~516页。

# 呼唤更多的理性瞬间

——浅议"现代"概念

瞬间,是未来的可靠历史,并终将成为"古典",这是其价值所在。古典,只是新世界开始时的那一"瞬间"。这如何被证明呢?"现代"概念可以担此重任。这是波德莱尔的理解。

抓住那个特定的瞬间,就可以成为后世尊称的"古典"。任何的审美经验,无不是那个特定瞬间的体现。瞬间,既是暂时的,也是永恒的。经典的艺术作品,无不处于暂时性与永恒性的交汇点上。抓不住瞬间,就抓不住历史,更抓不住未来和永恒。这不只是审美学意义上的,更是人类世界朴素意义上的。

也许是这一因由,18世纪那个挺着瘦高身影游荡在丹麦首都哥本哈根的哲学家克尔恺廓尔,将自己创办的报纸定名为《瞬间》。

如果你能够知悉并理解学者们在瞬间想到并又在瞬间写下的文字，也许就会形成被别人称道的你自己的瞬间。

比如"现代"的概念，就包含了太多学者的瞬间经典。当然，深究之，那是哲学家的任务。现代与否，在20世纪初哈佛大学的人文学家白璧德教授看来，应当是可实证的，可论证的，而不是被宣传的。在更早年代的康德看来，现代世界是一座思想大厦。康德的言外之意是，思想贫乏，将永远成就不了现代，不管你多么金银成堆，更不管你多么不可一世。

难以否认的是，现代这一概念发轫于欧洲。正如哈贝马斯的界定："黑格尔是第一位阐释清楚现代概念的哲学家。"也是将现代从外在于它的历史规范影响中脱离出来并上升为哲学的第一人。

现代，最初只是被黑格尔当作一个历史也就是时间概念。1500年，在黑格尔的历史视野里是一个分水岭，此前此后的新大陆发现、文艺复兴、宗教改革，被黑格尔看作是一个"新时代"来临的标志，这一时代从1500年延续到1800年。

新大陆的发现，是一个认识自然发现自然的过程，开阔了人们的视野，带来了以航海技术为引领的科学发现、技术发明与运用的过程。文艺复兴，带来了一个丰富多彩的世俗化过程，告别了那个单调、僵涩、控制、束缚的灰色世界。最终无不对宗教与教会产生冲击和压力，从而体现为宏大的宗教改革。宗教改革，尤其是路德的改革，使宗教信仰变成了一种反思。

一旦反思成为一种文化态势，理性化和世俗化将不可阻挡。反思文化，促成了18世纪的启蒙运动，后者进一步利用并强化了反思理念。由此，在黑格尔看来，"反思是新的时代原则的最纯粹表达。"

反思，成了黑格尔哲学批判的唯一工具，这形成并巩固了理性概念及其力量。被黑格尔视作"新时代"的1500～1800年的300年间，渐渐升起并不断强大的是一种"主体性"。没有主体性这一概念，就不可能有自我结构的确认和关切。如果这300年的"新时代"就是黑格尔认定的"现代"，那么，在黑格尔看来，主体性便是现代的原则。

黑格尔运用"反思"与"自由"解释并界定了他的"主体性"内涵：个人主义、批判的权利、对自己所作所为负责的行为自由、把握自我意识的理念（唯心主义哲学）。无论是宗教改革，还是后来的启蒙运动和法国大革命，都是主体性原则得以贯彻体现的历史事件。

有了反思文化和主体性原则的现代，就不仅仅是一个历史或时间概念了。即使还可被称作"新时代"，那也是一个面向未来并开放的，依赖于未来的存在，而不再是一个相对过去时代的时间概念。

现代，终于被黑格尔的反思与主体性，发展成为理性一体化力量。遵循着这一力量的驱使，黑格尔最后通过他的"绝对知识概念"，提出了有关现代的完整的哲学分析。他的现代性批判哲学超越了启蒙运动的结果，亦即，超越了仅仅将现代视作浪漫艺术、理性宗教、市民社会的界定。

到了马克斯·韦伯，继续沿着黑格尔现代概念的哲学思路，进一步将理性主义概念与现代源泉更加紧密地合成一起。现代的生活世界，更是被韦伯具体化并强调为目的合乎理性（目的理性）和价值合乎理性（价值理性）相互统一的世界。韦伯在黑格尔的基础上，进一步弥补或者说是超越了启蒙反思文化所导致的知识与信仰分道扬镳的格局，进一步解决了黑格尔所讲的"精神自身发生异化"的问题，谋求走出"异化了的精神世界"，在弥合了的理性道路上追求重新和谐的生活世界。

然而，从20世纪50年代迄今，有另外一种异化或分解分离的力量，使现代概念驶离黑格尔和韦伯理性主义哲学之路。先是一些学者借助更加复杂的"现代化"概念，从进化论的角度出发，提出现代化是一种自律自主自然运动，由此为的是不用担心"现代的终结"而被"后现代"取代。然而，这一理论思潮，割断了现代的源泉与理性主义概念系统的天然联系，也否定了黑格尔的"理性一体化力量"。其次是"后现代"或"后历史"思潮登上前台，干脆认为现代已经成为过去，人类迎来的是后现代或后历史。

这些思潮，或者体现为形形色色的政治形态无政府主义，或者是审美无政府主义，或者是削弱甚至否定理性的新保守主义，这些力量已经并正在使黑格尔和韦伯的理性主义概念系统走向势微。问题是，这些思潮并没有带来他们标榜的"自由"、"解放"与"进步"的"现代化"，而是走向了"现代"的反面，带来了极端、混乱与不和谐，他们不是面向未来的开放，而试图重回过去的保守。看看当今世界的极端势力与大大小小的混乱，你就不会断然否认这一点。这些思潮的实质，正如哈贝马斯概括：

"新保守主义或审美无政府主义打着告别现代性的旗号，而试图再次反抗现代性。这就是说，它们也可能只是在掩盖其与披着后启蒙外衣的反启蒙的悠久传统之间的同谋关系。"①

  人类脱离愚昧无知的世界并不久远，步入理性一体化的步伐仍然稚嫩而摇摇晃晃。人类很容易留恋那种非理性的随意率意，并不是很习惯那种理性的瞬间。然而，人类迄今为止的问题，原因并不在于理性瞬间过多，理性过头，而恰恰是理性不够。人类文明进步中的问题，只能在理性中解决。

  （写于2014年9月21日，以《有多少理性瞬间可以期待》为题发表于2014年10月17日的《上海证券报》专栏版）

---

① 哈贝马斯原著，曹卫东选译：《哈贝马斯精粹》，南京大学出版社2004年版，第299页。

# 理性的最后救赎是感性

——读穆勒有感

约翰·穆勒（1806~1873年），正如熊彼特的评价："穆勒就是穆勒。这就是说，他是十九世纪知识界的主要人物之一，凡是受过教育的人都非常熟悉他。"[1] 无论是在经济学，还是在逻辑学、心理学、政治哲学等方面，他都是19世纪的集大成者，在思想学说史上有着不可替代的地位与影响。

加之，他是大名鼎鼎的詹姆斯·穆勒（1773~1836年）的儿子，从小就跟随其父直接同李嘉图、边沁、休谟等相见相知，并聆听这些大思想家的讨论，甚至还做一些协助性撰稿工作，这就更增加了其心智与分析能力的早熟。

---

[1] 约瑟夫·熊彼特：《经济分析史》第二卷，中译本，商务印书馆1995年版，第230页。

当然，这种早熟，主要还是归功于老穆勒对他直接施加的独特而严格的教育方式：三岁时教他学希腊文，八岁开始学拉丁文，十二岁从学习逻辑学起始，使其学习进入"一个更高的教育阶段，其中的教育对象不再是思想的辅助物和工具，而是思想本身。"[①]所有这些课程，还包括历史、算术以及写作，都是他父亲直接教授的。这位当时在知识界已是"光辉四射和领袖人物"的父亲，也将他那种"不知道如何不工作"的谜一样的"智力机器"本性，深深地传授给了年幼的小穆勒。

穆勒回忆其受教育过程时说道："最显而易见的一个特点是，父亲在我童年时付出巨大努力，把被认为是高等教育的知识教给我，这种知识往往要到成年时才能真正学到……公正地说，比起同代人，我早期教育的开始时间早了25年。"[②]

如此，穆勒在童年、少年时就已培养起了成熟老练而又强大的分析能力与习惯，连他当时的最大娱乐都是科学实验，而且是理论上的科学实验。伴随而来

---

[①] 约翰·穆勒：《约翰·穆勒自传》，华夏出版社2007年版，第14页。
[②] 约翰·穆勒：《约翰·穆勒自传》，华夏出版社2007年版，第22页。

的便是早熟的心智与十足的理性。但同时，也显然缺失了一般小孩子的那种童年少年生活，何况还被父亲刻意要求与其他小孩少接触，特别是不受学校生活的影响。对此，穆勒年老时明确意识到："为了不让我受到学校生活对道德的败坏性影响，父亲却从未为我提供足够替代学校教育的实际影响。"父亲对他的教育"似乎只求结果，不问缘由。"①

难怪近一个世纪后熊彼特对穆勒有如下评价："我们中间的大部分人都知道或读到詹姆斯·穆勒使他的儿子从童年初期所受的严格的智力训练，这种训练是比天天鞭打还要残酷和有害的，由此可以说明为什么我们会从约翰·穆勒一生令人赞叹的著作的许多段落中会得到那种发育不全和缺乏生命力的印象。"②

如果说，熊彼特的上述评价有失偏颇，因为穆勒一生都非常感激父亲对他的教育和影响；但熊彼特的以下说法还是中肯的：穆勒"所缺乏的，确实不是理论家的许多必要条件，而是社会生活的哲学家的许多

---

① 约翰·穆勒：《约翰·穆勒自传》，华夏出版社 2007 年版，第 27 页。
② 约瑟夫·熊彼特：《经济分析史》第二卷，商务印书馆 1995 年版，第 230 页。

必要条件。"①

穆勒自己后来也深刻地意识到这一点。受此影响,在成长过程中经历了一段令他十分痛苦而又刻骨铭心的时期。这被他在自传中界定为"成长中的危机"。

这是怎样的一种危机呢? 还是让当事人自己说吧:

"到1826年的秋天,那一刻终于来临了,我如梦初醒。就如每个人偶然都会遇到的那样,我陷入了神经麻木状态,对娱乐或快乐的刺激不感兴趣;曾经快乐的事情也变得枯燥无味或与我无关……我的心开始往下沉,我为生命构建的全部基础都坍塌了……我活着似乎没有任何意义。"②

穆勒还引用科尔里奇《沮丧》里的诗句说明当时的状态:"一种没有剧痛的悲伤、空虚、黑暗和阴郁/一种沉寂、沉闷和冷漠的悲痛/在文字、叹息或眼泪中/找不到发泄或宽慰。"③ 他不再能够从以前喜欢的书籍、分析性写作、思想构建中找到宽慰,那些东西

---

① 约瑟夫·熊彼特:《经济分析史》第二卷,商务印书馆1995年版,第231页。
② 约翰·穆勒:《约翰·穆勒自传》,华夏出版社2007年版,第99页。
③ 约翰·穆勒:《约翰·穆勒自传》,华夏出版社2007年版,第100页。

对他变得毫无感觉，失去了以往的所有魅力。

是什么原因导致了这种危机？回顾这段历程时，穆勒将其归因于自己的独特受教育方式，以及过早成熟而强大的分析习惯：

"我认为自己所受的教育未能形成足够的力量以抵抗分析所带来的瓦解感情的影响，然而我在培养知识的整个过程中所造成的过早发展和过早成熟的分析，成为我思想中顽固不化的习惯。"[1]

而这又有何不好呢？穆勒后来清醒地认识到：

"分析的习惯往往会消磨感情；当其他心理习惯还未形成，人的分析精神就一直缺乏自然的弥补或矫正时，它确实会消磨感情……分析的习惯对深谋远虑和洞察力来说是有利的，但对激情和美德的根基来说却是永久的蛀虫；最重要的是，分析的习惯可怕的破坏由联想引起的所有希望和所有快乐……这些是人性规律，在我看来就是这些规律使我陷入目前的（沮丧）境地。"[2]

早熟的分析能力，使他过早地获取了一些荣誉、

---

[1] 约翰·穆勒：《约翰·穆勒自传》，华夏出版社2007年版，第103页。
[2] 约翰·穆勒：《约翰·穆勒自传》，华夏出版社2007年版，第102页。

地位和虚荣心的满足。到 20 岁时，他不再对原定的目标和公共利益等感兴趣，对荣誉地位的追求也感到厌倦和冷漠，所有内心虚荣与抱负的源泉对他来讲似乎已经枯竭，他不再认为自己有希望和快乐。强大的理性力量，将他变成了"一块木头或石头"。

这段危机又是如何度过的呢？是情感的培养与强化！

看看穆勒将什么看作是驱散他那段痛苦阴霾的曙光吧：是他偶然读到的马蒙泰尔在《回忆录》中讲述他父亲去世时的场景与感受。这深深地在情感上震撼了穆勒，开始将他从痛苦麻木的旋涡中推出来：

"书中对场景和感情的生动描述感染了我，使我泪流满面，就从那一刻起，我的思想负担变轻了。那种自认为内心的所有感情都已消散的那种压抑感也已烟消云散。我不再绝望，我也不再是一块木头或石头。"[①]

趁此之机，他拾起了原来并不注重的音乐与诗歌，在旋律节奏与田园风景中放飞自己的想象和情感抒发。他读拜伦的诗集，更读华兹华斯的诗，特别是

---

[①] 约翰·穆勒：《约翰·穆勒自传》，华夏出版社 2007 年版，第 104 页。

后者对比利牛斯山景色的描写，使穆勒十分向往，晚年干脆长期居住在南欧：

"华兹华斯的诗歌成为治疗我心痛的良药，是因为它们不仅表述了外在的美，而且表达了动人的美景下所蕴含的感情和由感情渲染的思想。它们似乎正是我追寻的陶冶感情的东西；我从这些诗篇里汲取一种内在的快乐之源，汲取了同情中的和想象中的快乐之源。"[1]

危机就这样在情感的熏陶中过去了。危机的克服被穆勒自己称为"成长中的进步"。

这段危机给出了什么启示呢？在穆勒看来有两点。一方面，他还是反思到了自己受教育方式的缺憾：

"我决不否认知识教育的重要性，也决不否认分析的能力与实践是个人和社会进步的必要条件。只是我认为，它应该与其他种类的教育结合起来，以纠正对其重要性的认识。现在在我看来，保持各种能力之间的恰当平衡才是最重要的。"[2]

另一方面，人不能一味理性。正如穆勒在自传中

---

[1] 约翰·穆勒：《约翰·穆勒自传》，华夏出版社2007年版，第109页。
[2] 约翰·穆勒：《约翰·穆勒自传》，华夏出版社2007年版，第106页。

引用霍布斯的话:"当理性反对人时,人也反对理性。"人,并不只是理性的化身,相反,理性仅仅是感性基础上铸就的人性的一部分,且往往是大大小于感性的一部分。

这一"成长中的危机与进步"还促使穆勒从思想理念上摒弃了"哲学必然性"的概念,清晰地区分了环境决定论与宿命论。他从中认识到:

"'必然性'一词作为应用于人类行为的因果论的名词,本身就会有误导人的联想;而这种联想是我以前所经历过的沮丧气馁和精神麻木的主要诱因。我知道,虽然我们的个性是由环境形成的,但是我们自己的愿望也可以对环境形成造成很大的影响;我知道,在自由意志理论中真正使人振奋和崇高的地方在于深信我们具有形成自己个性的真正控制力。"[1]

"必然性"是宏大叙事方式的一套抽象与原则,它将世界归因于超越人类与自然之上的那种绝对先验式理性权威,也使哲学以超越各类具体学科与社会生活而自居。高高在上的抽象、原则和规律,消弭着人的个性与活力,无论什么都以整齐一统为目标。这尤

---

[1] 约翰·穆勒:《约翰·穆勒自传》,华夏出版社2007年版,第124页。

其是以黑格尔哲学与思想最为突出，对这套大一统的形而上学体系的影响也最大。但它忽视了，以致窒息了社会原本就有的差异性与各类不确定性，进而否认了理论与思想的相对性，更是几近抽干了人类与生俱来的丰富情感。

现在的知识界已经知晓，20世纪初开始兴起的"后形而上学"或"后现代主义"，正是在解构"必然性"、"宏大叙事"、"确定性"、"绝对性"、"形而上"甚至"主体性"的过程中，重构起了"差异性"、"异质性"和"不确定性"，承认并肯定个体或组织的个性，张扬着活力，预防并管理各类风险，成为缓释和消解类似穆勒那种"成长中的危机"而内在于人类社会生活的一种有效指导。哲学或思想的存在方式，不再是那种超越一切现实生活与具体理论而高高在上的形态，而是隐含于个体与社会之中，聚焦人们在现代社会中所遇到的各种负面苦恼与问题的解释与消除。

其实，穆勒从其成长中遇到的情感缺失危机及其克服中，意识到并决定对"必然性"概念的舍弃，对个性差异的承认与鼓励，强调情感陶冶对理性的救赎等，甚至将"形而上学"、"主体论"、"天赋原理"

摆在了自己理论与主张的对立面[①]。这已然有着其身后那种"后现代主义"或"后形而上学"的影子。称其为先驱并不为过。

无论如何,穆勒分析能力的早熟与强大理性,成就了人类历史上的一位伟大思想家;他所遇到的烦恼与危机及其化解,也说明了理性的最后救赎还需感性。当然,对一般人来说,缺失的不是感性而是理性。不管是个体还是集合体,如何在感性与理性之间寻得平衡,是健康发展的关键。

以上,便是从拜读穆勒中所初步感受到的。

(写于2013年11月24日)

---

[①] 约翰·穆勒:《约翰·穆勒自传》,华夏出版社2007年版,第166页。

| 第四篇 |

情感与生活

# 念母

今天，是我的生日，更是我怀念母亲的一天。

清晨，推开窗门，绿柳嫩芽，杏花满树，春意之中一地湿露。

昨夜，早来的清明时节，已是细雨纷纷。料峭的寒冷雨水，化作了思念亲人的热泪。

2017年3月11日，母亲长眠西去。

她离开了这个给她幸福、痛苦和劳碌奔波的世界。

母亲累了，她要好好休息。

2015年4月1日，清明前夕，母亲脑梗，住进了家乡医院。4月2日手术后，就一直昏迷不醒。

守在母亲病榻前的几百个日日夜夜里，不知讲了多少我们娘俩以前说过没说过的话。但是，与我分享幸福和忧伤，给我勇气的母亲，再也没有说出一句话。

好不容易醒来的母亲，只有那慈爱的眼神。然而，就是这眼神，让我还是一个有妈妈在世的孩子，我也就一趟趟往来北京与家乡之间，珍惜着与母亲相处的每一天。

如今，母亲的慈爱眼神，只留在了我的梦中……

呜呼，妈妈！

悲哉，妈妈！

1968年的今天，在南国都市的那个医院里，母亲带我来到这个世界上。

鹅黄嫩柳，杏花飘香，是我对这个世界的感受之一。

母亲的含辛茹苦，伴随着我一天天成长。

从南京，到沿江而上的那几个城市，再回到山东的农村，我逐步积累着母亲的关爱和教育，也日益储存着对世界的记忆。

勤劳的母亲，对我同样的严格。一年四季，在山东农村，母亲总有要求我做的事情。

# 念母

春夏之际，天亮得早，母亲总是早早地将我喊起来，不是挎着篮子去割草，就是赶着几只鹅到村东头的公地上放养，还未上小学的我，抱着个赶鹅的细竹竿，脸也没洗地迷迷糊糊瞅着那一群埋头吃草的鹅；傍晚，尤其是上小学之后的每个傍晚，无一例外地要去割猪草；周日，更是冒着酷暑，背回一大捆青草，瘦小的我，在那一大捆青草下面犹如一个弯曲的小虾米；秋冬，要么去拾柴，要么背着个粪篮子到处拾粪。

是母亲，训练了我勤劳吃苦的精神！这是母亲教给我闯世界的根本支柱！

师范学校毕业的母亲，对我的学习更是上心，也极其严格。

母亲是我今天这个年纪时，我已是大学三年级的学生。就是在那个时候，母亲鼓励我报考研究生。而那时，是没有多少应届学生考研究生的。家境的不宽裕，使我总想尽快毕业工作，好挣钱贴补家用，不再让父母那么辛苦。但是，母亲坚持要求我考研究生，即便是我的二哥为此与她吵架，也动摇不了母亲的决心。

这不是母亲第一次坚定鼓励我不断求学。在我初中毕业时，优秀学生可以报考师范学校，一旦考取，便转为城镇户口，三年毕业后就可以工作了。但母亲到学校阻止了我的师范报考，坚持要求我上高中考大学。

在我的求学经历中，我很少考试跌出前五名。小学时，一次年考，名列第六，一回家，母亲就把我赶出了家门，还当场撕掉了那个奖状。

这就是我的母亲，她的严格，伴随着我的小学、中学、大学、硕士和博士学习。

即使工作了，有机会兼职指导研究生，她也热心鼓励。每当有学生到家里来，母亲总是很高兴，既为儿子能够指导研究生而荣幸，也对学生关心有加。我的学生里，有不少吃过母亲做过的饭菜。

这就是我的母亲，她培养了我不断学习进步的自我约束力和心劲！

母亲在煤油灯下为我和弟弟读《西游记》《铁道游击队》和《钢铁是怎样炼成的》等小说时，慈祥温暖，是我儿时最向往的时刻。随着母亲抑扬顿挫的语调，一个个小说人物和场景，从农家小屋飞向了天际。这样的情景记忆，一直伴随着我的学习、工作和生活。

这就是我的母亲，她给了我探求知识的最初热情与动力！

  人们常说，棍棒底下出孝子。儿时的我，也有调皮出错的时候。母亲或许是真生气，或许是为了教育我，或许是恨铁不成钢，教训我时，也是出格的厉害。有几次，为不让有人来劝，她关起院门，让我深深地尝到了棍棒的滋味。

  这就是我的母亲，她用她的方式，让我从小就知道什么是正确的该做的，什么是错误的不该做的！

  在北京跟我一起生活了十五年的母亲，前几年，身体渐渐显出不支的状态。也许是内心的召唤，回山东家乡的意念日益浓烈。

  在家乡的河边，我给她买了景色明亮的房子。一生喜欢江河湖海的母亲，住进家乡那个房子后，很是满足和高兴。

  然而，她老人家只在那个她喜欢的房子里住了一年多。

  2014年的春节，是她从北京回到家乡那个房子里的第一个春节。大街小巷节日前的气象，尤其是电视里回家过年的渲染，使原以为我不会回去陪她过年的母亲，听弟弟说，总是一遍遍重复着对电视里气氛的厌烦。

我怎么能不陪母亲过年呢?！只是，我跟弟弟说，事前先不要跟她讲，省得她一次次到门口张望。春节前，我回到她身边，母亲高兴地一遍遍念叨着没想到我会回来陪她，言语间透露着满意和兴奋。但春节一过，她就催着我返京上班。

也许是天意的呼招，那个春节后的3月份里，我又身不自主地回家乡陪她住了几天。料峭的春寒，也挡不住我陪她到离城较远的乡村走走，看看嫩柳吐芽，枯枝含苞。待我回京离家时，她第一次没有坚持到楼下送我，身着枣红小花棉袄的母亲，站在室内的门边，慈祥含笑望着我，我搂搂她的肩膀，笑着跟她说：

"妈，不要下楼了，过段时间，我再回来陪您。"

没承想，这是母亲健康时，我对她说的最后一句话，也是她完全听清听明白的我的最后一句话。

妈妈，我明白，您陪我49年，已是我的最大幸福，我永生珍视！

尽管我有思想准备，我们总有道别的时候，但是，真到这道别来时，太难了！

妈妈，我知道，您已离世，但我同样清楚，您并没有离开我，您永远都不会离开我！

看看我自己，听听脚步声，望望远处的山峦花草树木，仰视满天的星星，沐浴感受那长风浩荡，大地长天之间，都是母亲的身影和印象，您已将生命深深地融给了我！

愿我亲爱的妈妈长眠安息！

母亲与我同在！

（写于2017年的生日）

# 后记

心平，方可气和；气和，才能从容。年近半百，理应如此。

父母在，是一堵暖墙，为子女遮风避雨。父母不在，子女就得直面风雨，又成为自己后代子女的暖墙。

今年，母亲长眠西去，我的暖墙塌落了一半。母亲病重住院的近两年间，我频繁前往家乡医院陪护，感受很深。

人在健康时，珍惜一切，前赴后继，努力而为。担当好来到这个世界上的各自角色，履行好使命。尊重历史，抓住现实，放眼未来，是成就生命价值和意义的要求。对于大大小小的集合体而言，又何尝不是如此呢？

阅读思考写作，不仅不是压力，反而是倍加珍惜的天赐，甚至是一种奢侈享受。只有在一些人生必然的经历阶段，才真正体会到这一点。

2013年11月开始，参与亚洲基础设施投资银行的筹建工作，就更加忙碌，也就没有多少业余时间和精力再来撰写经济评论文章。筹建工作的特殊性，也使我不宜再公开发表过多评论文章。

期间，母亲自2015年4月初突然病重并一直昏迷不醒，钻心的疼痛和忧伤笼罩着我，使我更没有时间精力也没有心思来阅读思考写作。所以，过去几年，相比2013年10月份之前的十几年，我写作的文章数量少多了。

料理好母亲的后事，内心渐渐趋于平静。翻看过去3年多陆续写就的文章，也就生起整理出版的想法。

人间四月是春暖花开的好时节，生命的活力开始绽放，生机一片。我把这本文集献给我亲爱的妈妈，以此作为怀念。愿母亲在天之灵，护佑我再次揣起热情和智慧，努力前行。

是为这本文集的后记。

袁 东

2017年4月于北京